賢い子の「そうじ力」

そうじで身につく

集中力　思考力　判断力

そうじ力研究家
舛田光洋
ジャーナリスト
宮本さおり

日本実業出版社

はじめに

本書を手に取っていただき、ありがとうございます。

そして、子育て、お疲れ様です。本当に大変だと思います。

私たち親は、仕事や家事だけでなく、学校行事やPTAの活動などがあり、また夫や妻としての役割もあって、毎日やらなければいけないことがいっぱいあります。

そんな中で、愛する我が子の将来のため、幸福のため、悩んだり、苦しんだり、落ち込んだりしながらも、親として日々本当に一生懸命頑張っていると思います。

私にも子どもが3人います。妻とともに悪戦苦闘してきました。その子たちも成長し、長女は社会人、次女は大学生、長男は高校生となり、子育てがかなり楽になってきました。

今、この本を手に取ってくださっているあなたには、どんなかわいいお子さんがいるのでしょう。その子の笑顔のために、その子の未来のために、私たちは試行錯誤しながら、毎日子育てを頑張り続けています。

私は、２００５年に『夢をかなえる「そうじ力」』（総合法令出版）を出版し、これまで50冊以上の本を執筆してきました。

「部屋には住む人の心が現れる」さらに心だけでなく潜在意識さえも現れる、ということが、「そうじ力」の中心となる考えです。そして、そうじを実践し、部屋を整え、心を整えることで人生を好転させることができるツールなのです。

発行部数は、国内外合わせて累計３８０万部を超え、その中でも『３日で運がよくなる「そうじ力」』（三笠書房）は、１２０万部を超えて、多くの皆様に受け入れていただきました。

そして、これまでに子育て中の親御さんたちから、たくさんの相談を受けてきました。

「子どもがいうことをききません」

「不登校です」
「志望校に落ちてから、子どもとの会話がなくなりました」
「夫婦で子育ての考え方が違っていて、困っています」
「イライラしてつい叱ってしまいます」
「毎日子育てで自己嫌悪に陥ってしまい、苦しいです」

よくよくお話を聞いてみると、皆さん自分の子育てに自信を持てずに悩んでいるんだなということがわかります。

また子育て環境も、私たちが育った頃とは変わってきています。デジタル環境が異次元ですよね。

私たちが育ってきた時代でデジタルといえば、カメラぐらいだったと思います。

親御さんたちも、ＡＩをどのように仕事に活用するのかなど、常に進化を求められています。

このような時代、お子さんの未来はどうなっていくのでしょうか。わからないなりに、先を考え想像しなければならないプレッシャーを、私たち親は背負っているのです。

どのような子育てをすれば、子どもたちがこの時代を生き抜くことができるのか、どれだけ考えても、正解は誰も教えてはくれません。

その中で、確実に必要なのは「幸福になる力」ではないでしょうか。

それは、どんな環境であっても生き抜く力であり、挫折があっても這い上がり、チャンスを掴み続ける力です。

そのために必要な能力が「集中力・思考力・判断力」だと私は考えます。

集中力があれば、能力に差があったとしても、力を発揮することができます。

思考力があれば、暗記型の勉強から、なぜ？　どうして？　と考えることで、理解しながら覚える勉強ができるようになります。

判断力があれば、例えば受験勉強の際、過去の問題を研究し、よく出る問題か否かを見極めることができます。

この3つの能力が「そうじ力」を実践する中で、確実に身につくのです。

例えば、机の上に物がたくさん載っている状態で、勉強ははかどりませんよね。鉛筆どこだっけ？　定規がない、学校のプリントが見つからない！　など、探し物に時間がかかってしまったら勉強を始める前に疲れてしまいます。机の上に何もない状態だからこそ、やるべき教科の勉強に集中できます。

そして思考力ですが、乱雑な部屋をいかに効率的に片づけられるのか、また汚れに対しても種類によって、洗剤や道具を使い分けるなど、考えながら部屋をそうじすることで自然に身につきます。

また物を捨てる際、いる物といらない物を分ける作業をしますよね。これからの自分にとって、それぞれの物が必要か必要ではないかを考えて捨てていく中で、判断力が身につきます。

このように「そうじ力」を実践をするだけで「集中力・思考力・判断力」が得られます。本書は子育てを頑張っている親御さんにはもちろん、教育関係者の方にもお役に立てる内容となっています。自信を持ってオススメいたします。

舛田光洋

２０２４年４月22日

目次

第2章

判断力、集中力を高める！ そうじすべき3つの場所

第3章 自分で考える思考力を育む「子ども部屋」のそうじ

第4章

「そうじ力」は素晴らしい〝チャンス〟をもたらす

第5章

「三日坊主プログラム」で集中力が一気に高まる！

カバーデザイン	本文デザイン・DTP	本文イラスト	編集協力
萩原睦	初見弘一	横井智美	本多一美

第1章

子どもの幸せと「そうじ力」

子どもの幸せを願う親たち

子どもに幸せになって欲しいと願うのは当たり前の親心です。しかし漠然と思うことはあっても、具体的に「どのように？」と考える人はそれほどいないのではないでしょうか。この「子どもの幸せ」を、具体的に想像するのに役立つのが「**どんな子になって欲しいか**」という問いです。

教育研究機関などが毎年のように行なう子育てに関するアンケート調査には、これと似たような問いがよく設けられます。その回答の中で今までだいたい上位に上がるのは「思いやりのある子」でした。人との繋がりの中で、人を思いやる「優しさ」は、とても大切ですよね。

そして時代が変化する中、あるサイトが令和の保護者に対して子どもに望むことを聞いたアンケートの回答では「**失敗しても立ち直れて成長できること**」や、「**自分の力で道を切り開けること**」が1位2位となりました。しかもこの2つの回答だけで8割以上を占めていたのです。

この調査結果は、現代を生きる親御さんたち自身が、今の時代に社会で生きるために必要なことをどう考えているかの現れだと思います。今の親御さんはバブルを知らない世代も多いです。

大学を出たからといって、就職できるという時代ではなかった就職氷河期を経験した人も多くいます。良い大学に入学できれば安泰というものでもないことを、身をもって経験してきたのです。

大きな会社に入れば安泰というわけではありません。就職後にも様々な壁はあり、挫折も経験するでしょう。最近はメンタルの不調を抱える人も多くなりました。人を都合のいい人材としてしか見ていない場合、ささいな失敗でも、その人の人としての価値まで損なわれてしまうかのように感じますが、人は心を持って生きている「人間」なのです。

会社にとって良い人材ではなかったとしても、会社での評価だけがその人の全てではありません。人生は続いていくのですから、立ち直れる力を養い育てていくことはとても大事なことです。

だからこそでしょうか。アンケートでは、その子らしく生きて欲しいと願う親御さんの意見が上位になることもあります。他人との比較ではなく、自分らしさを見つけて自分自身を磨けるようになれば、お子さんたちはきっと「幸せ」へと導かれていくはずです。

アンケートで毎回上位に上がるように、「思いやり」は、やはりとても大切です。どんなに能力が高くても、人から信頼されなければ大事な仕事を任せてもらえる人間にはなれません。信頼を得るためには人に対する優しさや気遣う心はとても大切で、思いやりがなければ周囲からは冷たい人、自分のことしか考えていない人と映ってしまいます。

もしあなたが上司やクライアントなら、そんな人に大事な仕事を任せられるでしょうか？

もちろん、迷惑をかけないことも大事ですし、人並みに成果を上げる能力も身につけて欲しいところですが、**人の価値は能力だけで決められるものでもありません。能力だけでいうなら、AIのほうが人間よりもはるかに高い処理スピードを持っています。これから**

は人にしかできないことを考えていく必要があるのです。

オールマイティーよりキラリと光る能力を!

中学受験についてのインタビューでお話をうかがった保護者の方がこんなことを言っていました。

「これからは、○○大学を出たという学歴だけでなく手に職をつけないといけない時代、うちの子は何かをつくることが好きで興味があるみたいだから、そこを伸ばしてやりたいんです」

このご家庭の父親は旧帝大、母親は難関国立大学を卒業しているエリートですが、お子さんの進路を聞いたところ、「ネジ1本でもいいから自分で何かをつくり出せる人になって欲しい」と考えているので、工業系の学びもできる大学付属校を望んでいるということでした。最近はこのご家庭のように、お子さんにオールマイティーよりも1つでいいからキラリと光る能力を身につけて欲しいと願う親御さんが増えているように感じます。好きなことを能力に変換していく子もいれば、後づけで能力を身につけていく子もいますが、何かを身につけるには、集中して物事に取り組む姿勢がとても重要で、継続することが大切になります。

能力を開花させるためには、勉強をしなければならないこともたくさんあります。このとき、集中力があるとないとでは、雲泥の差が生まれます。**集中力を持った子は、やはり能力を開花させやすい**と言えるでしょう。

できれば、この集中力に加えて時代を読む視野の広い先見性も身につけて欲しいところです。**集中力と先見性、この2つを身につけることによって、子どもは社会で役立つ人に成長していける**と思うからです。

いろいろな能力を身につけてもらいたい根本には幸せに生きていって欲しいという親の願いがあります。そして、その子どもがつくる家庭もまた幸せであって欲しいと願っているのです。そうした**幸せの連鎖を生み出す家庭を育むのに舛田メソッド「そうじ力」は力を発揮**します。

親の幸せな笑顔から、子は学ぶ

専業主婦がマジョリティを締めていた時代、子育てや家事は全て女性が担うのが一般的でした。心地良い家を整えながら子育てをする家事育児は思ったよりも多忙です。気がつくと、家族のために家を整え、食事を整え、子どもに寄り添う暮らしは尊いことではあるのですが、まるで滅私奉公のような状況だと感じてしまうこともあるかもしれません。自分の全てを家族のために注ぎ込む、その熱量がすぎると逆に、大切な家庭がギクシャクすることがあります。

これだけ愛情を注いでいるのに……

この子のためを思って尽くしているのに……

教育虐待はその1つの現れとも言えるでしょう。
「主婦たるもの、こうでなくてはいけない」という目には見えないアンコンシャスバイアス（22P参照）に縛られて、家族の幸せが何かを見誤り、自分の倫理観を押しつけて家族を苦しくしてしまうこともあるのです。

家族は子どもと夫とともに暮らす1つのチームであって、誰か1人の所有物ではありません。お互いが幸せな気持ちでいられなければ、幸せな家庭にはなりません。

共働きが増えた今は、専業主婦のいる家庭よりもむしろ共働き家庭がマジョリティとなりました。妻も夫も忙しい毎日を送るという家庭が多いのが現状です。慌ただしい日常の中、どうしても家事を負担に思ってしまいますよね。

できない自分をつい責めてしまい落ち込むこともあるでしょう。「やらなくては」という義務感だけでなんとかしようとすることもあるでしょう。自分の時間を削って家事の時間に充てている、そんな感覚だとしたら、そうじはお荷物に感じてしまいます。

仏教用語に「利自即利他」という言葉があるのですが、これは、自分が幸せになることで他人をも幸せにしていくという考え方です。昔と違って女性も外で働いている時代ですから、今は「母親だから」と母親が自分の時間を全て犠牲にして家事も仕事も完璧にこなすという時代ではないと思います。

疲れているときはしっかり自分の時間を取ることも必要です。家族というチームで協力して、居心地の良い空間をつくることに「そうじ力」を役立てて欲しいのです。家の心地良さを保つということを、誰か1人が頑張るということではなく、家族みんなの協働により実現していただくことが理想です。

「また散らかして！」

とガミガミ言ってしまうのも、親御さんご自身にストレスがたまっているからなのかもしれません。まずは、**あなた自身が心を落ち着かせて、笑顔になれば、家族も幸せに向か**

うはずです。

禅寺では、そうじは修行の一環ですから、どのお寺でも毎朝欠かさずにそうじをしています。毎日工夫しながらコツコツと丁寧に取り組むことで、心のゆとりである『功徳』が身につくと考えられているからです。**子どもが幸せになる第1歩は、親であるあなた自身の心を楽にしてあげること**です。心が軽くなる「そうじ力」の実践は、あとの章で詳しくお伝えしていきます。

ワンポイント！

『アンコンシャスバイアス』

無意識のうちに〝こうだ〟と思い込んでしまうこと。

あなたは大丈夫ですか？　親御さんご自身が、頑張りすぎていませんか？　まずは、ご自身を労わり、心を整えてあげてくださいね。そして、大切なお子さんと向き合いながら一緒に「そうじ力」を実践していきましょう。いつも本当にお疲れ様です。

「できたこと」を数えて自尊心を高くする

我が子の幸せを願い、少しでも勉強ができるようになって欲しいと頑張る親御さんもいます。都会では、幼稚園や小学校低学年のうちから塾に入れる家庭もあります。**塾に入るとどうしても、他の子との実力の違いなどが気になってしまいます。**

「他の子はできているのに、うちの子は、どうして？」
「なかなか順位が上がらない」
「○○ちゃんは、いつも成績がいいのに」

このような他の子と比べてしまう言葉がつい出てしまうこともあるでしょう。そして残念なことに、子どもは、**外で心ない言葉を浴びてしまうこともあるのです。**

舛田家には男女合わせて3人の子どもがいます。その中の1人、末っ子の長男は小学生のときの先生の言葉によって心が折れかかった経験があります。彼は算数が得意で、上位のクラスにいました。

ところがある日、クラスが1つ下がってしまったことがあったのです。本人は、とても残念がっていましたが、私は静かに様子を見守っていました。

息子は、なかなかこの成績の落ち込みから立ち直れず、気持ちも塞ぎ込んでいるようでした。そこで、**様子を聞いてみると、なんと学校の先生から心ない言葉をかけられていた**のです。

「おまえは上のクラスには戻れないよ」

そうした**マイナスの言葉を「なにクソ」とバネにして力に変える子もいますが、息子はそうではありませんでした。先生から言われたこの言葉が心にグサッと刺さってしまい、そこから気力が下がってしまっていた**のです。

また、舛田家の末っ子ということも息子の自己肯定感を低くしていたのかもしれません。上の姉2人は成績も優秀で、学校でも「あの舛田姉妹の弟」と、周りから見られることもあったようです。

親はどの子もかわいく、同じように接しているつもりなのですが、

「僕は舛田家のお荷物だ」

などと言うこともしばしばありました。なかなかクラスが上がらずに落ち込んでいた息子が、ある日、

「自分は記憶力がないから上のクラスに戻れないんだ！」

と言い出したのです。しかし、私はこの子に記憶力がないなどとは思っていませんでした。今までの息子をずっと見てきたから、そう言えるのです。

なぜなら、好きな戦隊ものの名前や、何百とあるマンガのキャラクターを覚えていたからです。「あんなにたくさんの名前を覚えられるのだから、記憶力が決して悪いわけじゃ

ない。好きなものを記憶する能力は長けていると思うから、『自分は記憶力がない』なんて思わなくていいよ」

私はそう彼に伝えました。

でも、いくら私がそう伝えても、なかなか立ち直ることができないようでした。君は君のままで素晴らしい、君には君にしかない良さがあるんだと伝えても、それが伝わりません。なぜなら、**彼の自尊心を低下させているのは、人との比較だったから**です。

私も以前、ある作家さんと自分を比較して、すごく落ち込んでしまうことがありました。

あの人はあんなにできている……

あの人は、あんなに上手に言葉で伝えられている……

比較をあげればきりがないほどです。いくら比較したところで、その人になれるわけではありません。また、なれたとしても、それは自分の良さを失うことになるのだと気がついたのです。そこから、人と比較するクセを払拭することができました。

子どもの頃は自他の区別をつける時期がどうしても必要で、人との違いを強く意識してしまいがちになるときがあるのですが、**成長していく中で、そこから自分にしかないものを見つけていくことが、とても大切なのです**。

身長の伸び方に違いがあるように、学ぶ速度や伸び方にもその子のペースがあるはずです。誰かとの比較ではなく、過去の自分と比べてできたことがあったのなら、それで充分なのです。

その点、**そうじは他人との比較ではなく、どこまでいっても過去の自分との比較**になります。今日はここを整理できた。今日はここの汚れが取れたと、成果がすぐに見えるのもそうじの良いところです。

このように、**「できたこと」を数える日々を送っていると、自尊心も高くなります**。他人との比較から抜け出すことは大人になることの1つなんだと、「そうじ力」を実践しながら、ぜひお子さんに伝えてあげてください。

自分の蒔いた種は自分で刈り取れる子にする

自分で蒔いた種の結果を人のせいにばかりにしてしまう人というのは、なかなか残念な人です。悪いのは全て他人のせいなので、いつまでたっても愚痴が口から離れません。愚痴ばかり言う人は人からの信頼も得られませんから、幸せから遠のいてしまいます。

では、そうならないためにはどうしたらいいのか。**子どもの頃から自分で蒔いた種は自分で刈り取る、結末を他人のせいにしない子に育てることが重要**です。我が家には、共有スペースにおけるルールがあります。その1つが、**リビングに個人の物を24時間以上置かない**というルールです。

具体的なことについては実践のページで詳しく伝えていきますが、我が家の中に、何度言っても共有スペースにランドセルを置きっぱなしにしてしまう子どもがいました。24時間ルールと伝えてはいるものの、いきなり大きな罰を与えるのも良くないため、数回は口で注意するだけにしておきました。

「ちゃんと置くところに片づけようね」

「24時間ルールをすぎているよ」

「またランドセル置きっぱなしだよ」

言われると片づけるのですが、また結局、置きっぱなしにするのです。

こんなやり取りが何度か続いたある日、私はついに行動を起こすことにしたのです。置きっぱなしにされたランドセルを大きなビニール袋で保護し、真っ白な雪の積もった庭に持って出て、雪の中にランドセルを埋めたのです。わかりやすいように少し雪を多めに盛って、見つけやすい工夫は施したものの、朝まで子どもには内緒です。

朝、目覚めたランドセルの持ち主は、

「ランドセルがなーい！」

と大騒ぎです。私は冷静な声でこう伝えました。

「24時間ルールをすぎたから、ランドセルは処分したよ」

この私の言葉に子どもは学校に行けないと騒ぎ立てました。

その後、ヒントを伝えて自分で雪の中から探し出しました。もう置きっぱなしはやめようねと話し合い、学校へと送り出しました。学校に遅れるからと、話し合いをせずに行かせることもできましたが、たとえ学校に遅れたとしても、子どもにとって、**自分で自分のしたことの結果を受け止めて解決することのほうが大事だと思ったのです。**

子どもが出発したあと、学校には遅刻の連絡とともに事情を説明しておいたため、遅刻しても先生には怒られずにすんだようです。

寒い雪の中、穴をわざわざ掘って埋めるのは手間も暇もかかりますから、親としてもとても面倒です。口で言うだけのほうがよっぽど楽なのですが、**本人に自己責任の意識を持たせるためには大事な回り道**だったと思います。

ワンポイント！

『24時間ルール』

ルールを守らないとどうなってしまうのでしょうか？　誰にどのように迷惑をかけてしまうのか。リビングは、家族みんなが集まる大切な場所です。みんなの場所をみんなで大事にするための約束。家族がお互いを大切にするためのルールはどうしたらちゃんと守れるのでしょうか？　親子で一緒に話し合い、工夫して楽しく守れるといいですね。

「そうじ力」の実践で気をつけて欲しいこと

私の本を読んでいただいた方や、セミナーへの参加経験がある方々から、

「うちの子の部屋、ホントに汚くて！
どうしたらキレイにできるようになるでしょうか？」

という質問をしばしば受けることがあります。部屋が散らかっていると、親はついつい小言を言ってしまうのですが、**「そうじ力」を実践するときは部屋をけなさないで欲しいと伝えています**。どんなにぐちゃぐちゃな部屋であったとしても、お子さんの部屋を褒めてあげて欲しいのです。**そうじができないのは、その子が外でそれだけ頑張っている証拠**だからです。

私の長女は現在、社会人となり東京で1人暮らしをしています。家族の中でも1番のキレイ好きで、実家にいた頃は毎日リビングの拭きそうじをしてくれていました。まだ、社

会人になりたてだったある日、都内で打ち合わせのあった私が長女の部屋を訪れると、あの長女の部屋とは思えない光景になっていました。

事前に訪れることは伝えていましたが、娘よりも早く彼女の部屋に到着してしまったため、連絡をすると、「汚いから入らないで！」と言われてしまいました。しかし、そのまま外で待つわけにもいかず、私は先に部屋に入ったのです。

娘の言った通り、あの長女の部屋かと疑うほどの散らかりようでした。しばらく部屋を見渡して、私は彼女の部屋のそうじを始めました。

すると、部屋に残されたゴミの1つひとつから、彼女の日常が聞こえてくるようでした。机に置かれたままになっているコンビニ弁当やカップ麺の容器……。初めての1人暮らしに加えて、社会人としても新人だったので、きっと、食事をつくる暇もなく、帰宅途中にコンビニで晩ご飯を買って食べたのでしょう。そして、片づける気力もないまま眠りについてしまったのかもしれない……。**部屋はありのままの長女の生活を私に教えてくれました。**

帰宅した娘はすぐに私に謝罪しました。

「汚いでしょ。ごめんなさい」

そう私に話す娘に対して、私はこう伝えました。

「**よく頑張っているんだね。外でいっぱい闘っている部屋だね**」

すると、娘の目からぽろぽろぽろと涙がこぼれ落ちたのです。

部屋が汚いことは良くないことだと、娘はわかっているのです。それでも、部屋が汚れてしまうのは、それだけ疲れていた証拠だったのです。

これは学齢児の子どもでも同じだと思います。部屋は心の鏡です。子どもの部屋が散らかるときは、何がしかのストレスを抱えている場合があります。

友だちとケンカしたまま仲直りができていない……

テストで驚くほど悪い点数を取ってしまった……

所属しているサッカーチームで、レギュラーに入れなかった……

散らかった部屋を見て叱る前に、お子さんが気がかりになっていることがないかを考えてみてください。

そしてこれは、日々共有スペースを整える親御さん自身にもいえることです。他で頑張っているからこそ部屋は散らかってしまうのです。

新たなことに挑戦しているときほど部屋は散らかりやすくなります。私もそうですからよくわかります。部屋が散らかるのはあなたが精一杯頑張っている証しです。まずは、部屋を見渡して、頑張っている自分を褒めてあげましょう。

賢い子の「そうじ力」では、親が子どもと一緒に、そうじを通して子どもの成長も促していくのがポイントです。

「そうじ力」で養える力には、情報整理力や集中力、判断力といったものがあるのですが、他にも自分でなんとかできる力、「自力《じりょく》」を養うことも目的にしています。これには少し親側のテクニックが必要です。

1つ目は、**親子で一緒に取り組む、**です。

「そうじしなさい」と言われただけでは子どもは何をどうしていいのかがわかりません。曖昧な指示ではなく具体的にわかりやすく伝えてください。よく「ちゃんとしなさい」とお子さんに声をかける親御さんがいますが、この「ちゃんと」がどういうことなのかが理解できないのです。

ですから、**初めは必ず親御さんも一緒にそうじに取り組んで欲しいのです。**

2つ目は、**子どもの言葉に耳を傾ける**、です。

先ほども伝えたように、部屋は心の鏡、バロメーターです。いきなり「汚い！」と叱ったのでは子どものやる気は起こりません。

「最近、部屋が汚いけど、疲れているの？」

「お休みの日もサッカーで忙しいよね」

など、**その子の生活の現状を知り、理解するための言葉かけをしてあげてください**。

3つ目は、**子どもに任せ、見守る**、です。

私がやったほうが早い！　と、ついつい親御さんが全てをやってしまうケースがあります。これだといつまでたっても子どもは自分でできるようになりません。

お子さんの部屋はもちろん、お子さんが共有スペースのそうじ当番としてローテーションに加わった場合も、役割をきちんと果たせるようにしてあげてください。

4つ目は、**できたことを褒める**、です。

子どもは親に褒められるのが1番のご褒美です。親御さんからしたら、部屋が整っているのが当然という思いもあるでしょうが、そうじをして、部屋を整えることは最初からできる子どもばかりではないのです。

小さなことに思われますが、部屋が散らかりがちの子の場合などは、ゴミ箱にゴミを捨てられただけでも褒めてあげてください。ただし、あまり大袈裟には褒めないでください。「ゴミ捨ててくれたんだ。ありがとう」くらいで充分です。

５つ目は、**感謝の気持ちをきちんと子どもに伝える**、です。

大人も子どもも、「ありがとう」と言われたら嬉しいですよね。

思春期を迎えると、褒められることへの照れ隠しで、「ウザい」なんてことを言われることがあるかもしれませんが、それでも、少しでも部屋のそうじに貢献したら「ありがとう」の言葉を惜しみなく伝えてください。

【子どもの自力を育てる法則5箇条】

1　親子で一緒に取り組む
2　子どもの言葉に耳を傾ける
3　子どもに任せ、見守る
4　できたことを褒める
5　感謝の気持ちをきちんと子どもに伝える

手伝ってくれて ありがとう すごく助かったよ
とっても きれいに なったね

宮本さおり〝母として〟の視点

そうじを通して子どもを育てる声かけ術

ある週刊誌で、子どもを叱ることについて取材を担当したことがあります。子育て中の親御さんの声を聞かせていただいたところ、多くの家庭から出てきたのが子どもが部屋を散らかしたときに叱ってしまうというエピソードでした。

「叱ってしまう」と書いたのにはワケがあります。叱らない教育が推奨される昨今、叱ることに罪悪感を抱いてしまう親御さんが多くいるのです。しかし、日々の暮らしの中ではどうしても叱ってしまうことが出てきます。私にも経験があるため、取材にご協力くださった皆さんの思いはとてもよくわかりました。

我が家の子どもたちも小さかった頃、よく家を散らかしてくれました。上の娘はあるとき、リビングいっぱいにブロックを出して遊んでいたことがありました。そんなときに限って突然の来客があり、急いで片づける羽目になって焦ったことがあります。

「普段はこんなにぐちゃぐちゃではないんです……」

と、ワケのわからない言い訳をして、ばつの悪い思いをしたことを思い出しました。

そうじは「私がやらなければ」という思い込み

娘よりも散らかし屋だったのが下の息子です。静かにしているなと思ったら要注意、2、3才児の頃はとにかくよく散らかしてくれました。新聞紙をぐちゃぐちゃにしてはリビングにまき散らし、ティッシュの箱は空になるまで出し続けました。

子育ての本に「ティッシュの代わりに古布を入れるといいですよ」というアイデアが載っていたので、試してみたのですが、さわり心地に違いがあるのか、息子には全く役に立ちませんでした。どうしてもティッシュ箱を手にしては遊んでしまう状況でした。こうなるともう彼の手の届かない所にティッシュ箱を置くしか方法はありませんでした。

当時の私は専業主婦で、家のそうじを毎日していました。散らかったものを片づけて、掃除機をかけるのが、午前中の日課でした。

ところが、リビングの掃除機がけを終えて、別の部屋のそうじをしている間に我が家の散らかし王子が大暴れしていたのです。リビングにある本棚の本を全て出すという快挙を果たしていました。その日は私も疲れていたのか、

「何回言ったらわかるの！　なんで散らかすの！！」

と、思わず声を荒げてしまいました。強く言いすぎたのか、息子はギャン泣きに。泣く我が子の声に、なぜかこちらが泣いてしまったことがありました。

そんな私とは違い、夫の見方は寛容でした。

「本はすぐに片づけられるよ。危ないことでもないし、やらせてあげよう」

と言うのです。私からすると、片づけたばかりの部屋を散らかされてしまい、

「また私が片づけなくちゃいけない！」

という気持ちでしたから、夫のこの言い方に、初めは少し腹が立ちました。ですが、落ち着いて考えてみれば、息子は確かに、キレイになった部屋でのびのびと遊んでいただけなのです。夫の言葉をきっかけに、私も考え方を変えてみました。

息子が新聞紙ぐちゃぐちゃ作戦を始めても、止めることなく見守ることに。

それから、大きなゴミ袋と段ボール箱を用意して、段ボール箱にゴミ袋の口を広げて設置しました。そして、息子が散らかした新聞紙を拾い、ゴミ袋に投げこむようにしてみました。すると息子は遊び感覚になったのか、どんどん新聞紙を集めてはゴミ袋に入れてくれるようになりました。

これをきっかけに、私の中での意識が変化していきました。私＝片づける人、息子＝散らかす人、という構図から、息子も片づけを担う人になったのです。

そうじは自分1人が背負うものではなくて、家族みんなですればいいと思えるようになりました。この気持ちの転換が良かったのか、日々のストレスも軽減されて、叱ることやイライラすることが減りました。

片づけを促す声かけ

私のようにイライラが爆発して子どもを叱ってしまったと後悔する親御さんは多いのですが、取材で話を聞かせていただいた専門家の先生は、叱ることと怒ることを区別して、このように教えてくれました。

「叱る」は、相手が考えられるように理性的に伝えること。

「怒る」は、こちらの気持ちを感情的にぶつけること。

叱ることは悪いことではなく、命の危険があることや、人に迷惑をかけるようなことについてはきちんと叱る必要があり、肝心なのは叱り方だといいます。

子どもがまだ小さい頃ならば、少し強い言い方をすれば、親の言うことをきいてくれたかもしれません。しかしこれは、怒られるのが怖いから、言うことをきいていただけで、何が悪かったのかの本質はわからないままになってしまいます。

それに、この方法が通用するのは低学年までだと思います。特に高学年になると、早いお子さんでは反抗期も始まります。こちらが感情的に叱ってしまうと、子どもも気持ちがヒートアップしてきます。こうなると、面倒な言い争いが起こってしまいます。

自分の子どもの頃のことを思い出しても、冷静さを失っているときは、親の言葉は耳に入りませんでした。たとえ、親が正しいと思っても、素直に言葉を受け取る気持ちにはなれないのです。

皆さんにも少なからずこのような経験があるのではないでしょうか。お話を聞いた先生によると、叱らざるを得ない場面になったときこそ冷静に語りかけることが大事なのだとおっしゃっていました。

このとき、心がけて欲しいのが、具体的に伝えることです。例えば、子どもがリビングいっぱいにブロックを広げて遊んでいたとして次のように言ったとします。

「ダメでしょ！　リビングにこんなにブロックを広げて！」

これでは、子どもの心は動きませんよね。

「ブロックがリビングに広がりすぎで、これじゃあパパもママも座れないんだけど、どうしよう……」

と、困りごとを伝えてみるのです。すると子どもは意外と素直に考えてくれるそうです。1回言って、きかないときも、大きな声で怒鳴るのではなく、

「ブロックを踏んじゃいそうだよ。踏んだら痛くない？」

など、こちらも頭を使って困りごとを伝えていきます。根気よく伝えることを繰り返していくのです。

こうして言葉で伝えて考える時間を与えることを繰り返すと、自分の頭で考えられる子に育っていくのだと、先生は教えてくれました。

第2章

判断力、集中力を高める！そうじすべき3つの場所

ピカピカにしたいのは「あなたの心」

そうじと聞くと、なかには家中どこもかしこもピカピカにしなければいけないのかと、プレッシャーに感じてしまう人もいますよね。しかし、舛田メソッド「そうじ力」は、部屋中をピカピカにすることを目的としているのではありません。

ピカピカにしたいのは、部屋よりも心なのです。そうじは心を強くし、判断力や集中力を高めるための手段であり、方法ですから、そうじそのものが目的ではないのです。

もちろん、家中がピカピカになれば、どこにいても心地良い空気が流れるため、それに越したことはありませんが、初めからパーフェクトな家を目指さなくても大丈夫です。子どもの心を強くしたり、判断力や集中力を高めるための**実践としてのそうじでいえば、これから説明する3箇所だけでも充分可能**なのです。

誰でもできる！「そうじ力」は換気から

この3箇所のそうじを始める前に、家のどこのそうじをするときも必ずやって欲しいことがあります。それは換気です。これまでの拙著でも、**換気はマイナスのエネルギーを追い出し、プラスのエネルギーを取り込むため、運気をアップするのにも絶大なパワーを持つ**ということを伝えてきました。

考えてみれば昔から、換気の大切さは多くの人たちが説いてきました。ギリシャ語にプネウマという言葉がありますが、これは息や風、空気などを意味する言葉です。その後、キリスト教では聖霊を意味する言葉となりました。

古代の人々も風や空気を入れ替えることによる変化を何かしら感じていたのだと思います。最近はコロナ禍により、換気がより強く意識されるようになりました。白衣の天使、ナイチンゲールは院内感染を防ぐために、自然の空気を取り入れて室内を換気することは非常に重要なことだと訴えていました。

彼女が書いた『看護覚え書』には、

「看護とは、新鮮な空気、陽光、暖かさ、清潔さ、静かさなどを適切に整え、これらを活かして用いること」

と書いてあります。病気を治すのに必要な手助けをするのが看護ですが、その看護の覚え書きの冒頭に換気がきていることはとても興味深いことです。

この換気は新鮮な空気とともに私たちにエネルギーの元を運んできてくれます。

家によって違う空気感

エネルギーは「気」といわれることもありますが、換気をすると、その場のエネルギーを変えることができます。以前、清掃の仕事をしていたときに、私はいくつものマンションを訪れていました。マンションというのは間取りなど基本的に同じつくりですから、どの部屋も仕様としては同じはずなのですが、部屋によって、室内の空気の感じが違ったのです。

そこに住んでいる人の持つエネルギーが、そのまま部屋のエネルギーとなって宿るのだと思います。プラスのエネルギーなら良いのですが、マイナスのエネルギーのこともあり、そういう部屋に入ったときはなぜか力が抜けていく感覚がありました。

あるときは私だけでなく、一緒に作業をするために入った全員が脱力感を覚えたことがありました。ですから、これは、エネルギーを感じやすい自分だけではなく、全ての人に共通することなのだと実感しました。

昔、家庭教師の仕事をしていたことがありますが、そのときも訪れる家庭によって空気の違いを感じていました。不思議なことに、**何か問題を抱えている家庭のリビングは、なぜか空気が重たい**と感じたのです。

よどんだ空気は健康に悪いだけでなく、気力にも影響を及ぼします。空気にも気力にも「気」という字が入っていますが、「気」の言い換えがエネルギーです。エネルギーがよどんでいるのに、気力がアップするはずもありません。

よどんだ空気の中にいたのでは、気持ちも滅入ってしまいます。また、新鮮な空気がないということは、二酸化炭素が増えている可能性も高いのです。できるだけ脳に新鮮な空気を届けられるように心がけましょう。

なんだか今日は**家族がイライラしているなと思ったら、試しに一度換気をしてみてください。それだけでも、かなり気分が変わるはずです。**

換気には、健康を維持する力と、エネルギーを入れ替える力の2つの力があるのです。

「そうじ力」の土台づくりはトイレそうじから

それではここから、子どもの心を強くし、賢い子に育てることに役立つ3箇所のそうじについて具体的に見ていきましょう。

判断力と集中力を養い育てるために、親子で取り組んで欲しい3箇所は、

- トイレ
- リビングダイニング
- 子ども部屋

です。

なかでも、まずトライして欲しいのがトイレのそうじです。

なぜ、親子でそうじをする最初の場所がトイレなのか、説明していきます。

私は仕事柄、いくつもの会社や家庭のトイレを見てきましたが、トイレが汚れているところで繁栄しているところを見たことがありません。また、学校でも、トイレが汚れているところはあまり良い雰囲気を感じません。

トイレは小さな個室のため、短時間のそうじでもキレイにできます。なのに、キレイになっていない……なぜなのでしょうか？

小事が大事ということわざがありますが、トイレが汚れているというのはその良い例だと思います。

舛田メソッド「そうじ力」ではトイレを、

「感謝と謙虚さ」を表す場所

と考えています。

先ほどもお伝えしましたが、**トイレそうじは短時間でも取り組むことができるため、キ**

レイになったという実感がすぐに得られる場所です。

ですから、**キレイにすると気持ちが良いこと、清々《すがすが》しい気持ちになることをお子さんでもすぐに味わうことができます。**

この自分でキレイにすることができた、という小さな成功体験の積み重ねが、大きな自信へと繋がっていくのです。それを短時間で親子で実践できるトイレそうじは、最初にトライする場所としてふさわしいのです。

トイレで健康診断？ スマートハウス

最先端の技術を生活に活かす研究が様々な分野で始まっている現代、皆さんはスマートハウスなるものの開発が進んでいるのをご存知でしょうか？

その中にトイレに関するものがあります。

健康診断でも必ず行なう尿検査ですが、自宅のトイレで尿検査ができる仕組みの研究が進められているのです。これは、普段のように用を足すと、自動的に尿検査ができるというものです。

一般的にトイレと聞くと、汚いというイメージを持たれがちですが、排泄物は大切な健康のバロメーターです。人間は排泄をすることにより、体外に毒素を出しています。毒素を全て飲み込んでくれているのがトイレなのです。ですからトイレは生活に欠かすことのできない大変ありがたい場所だといえます。

そして、トイレは家族全員が必ず使う場所でもあります。家族全員が使う大切な場所をキレイにすることで、家族みんなが気持ち良くトイレを使うことができるようになるのです。

そうじは自分と向き合う時間であると同時に、誰かのために行なう行為です。

自分と向き合うだけの時間は、散歩やヨガなど、別のことでもできますが、自分の心と向き合いながら、他者のためにもなる行為はなかなかありません。

次に使う誰かのために、トイレをキレイにすることは、他者を思いやる心を育ててくれます。「そうじ力」の土台はここにあり、どこのそうじをするときにも、必ず大切にしたい視点です。

トイレそうじは「そうじ力」の土台をつくり上げるのに最も有効なトレーニングなのですが、**トイレそうじをいきなりお手伝いとして加えても、子どもはやり方がわかりません。**

学校のトイレそうじが話題になることがありますが、これはなかなかの問題で、やり方を教わらないまま、自分たちだけでやれと言われても、難しいところがあります。なぜなら、トイレは部屋のそうじとは違うからです。

トイレそうじをする前に、まずは親子でトイレ全体を見てください。

おそうじチェック トイレの点検

- □便器は、どれくらい汚れていますか？
- □便座の裏やフタ、トイレの床はどれくらい汚れていますか？
- □排水溝の詰まりはありませんか？
- □タンクの上のホコリはたまっていませんか？
- □換気口はホコリだらけになっていませんか？

どうですか、便器の中に水垢がたまっていたりしませんか？

まずは、どこが汚れているかのチェックから始めてみましょう。

現代の家は洋式トイレが多いので、洋式トイレを想定して話を進めていきます。

どこのそうじをするときも、そうじは上から順番にするのが基本です。

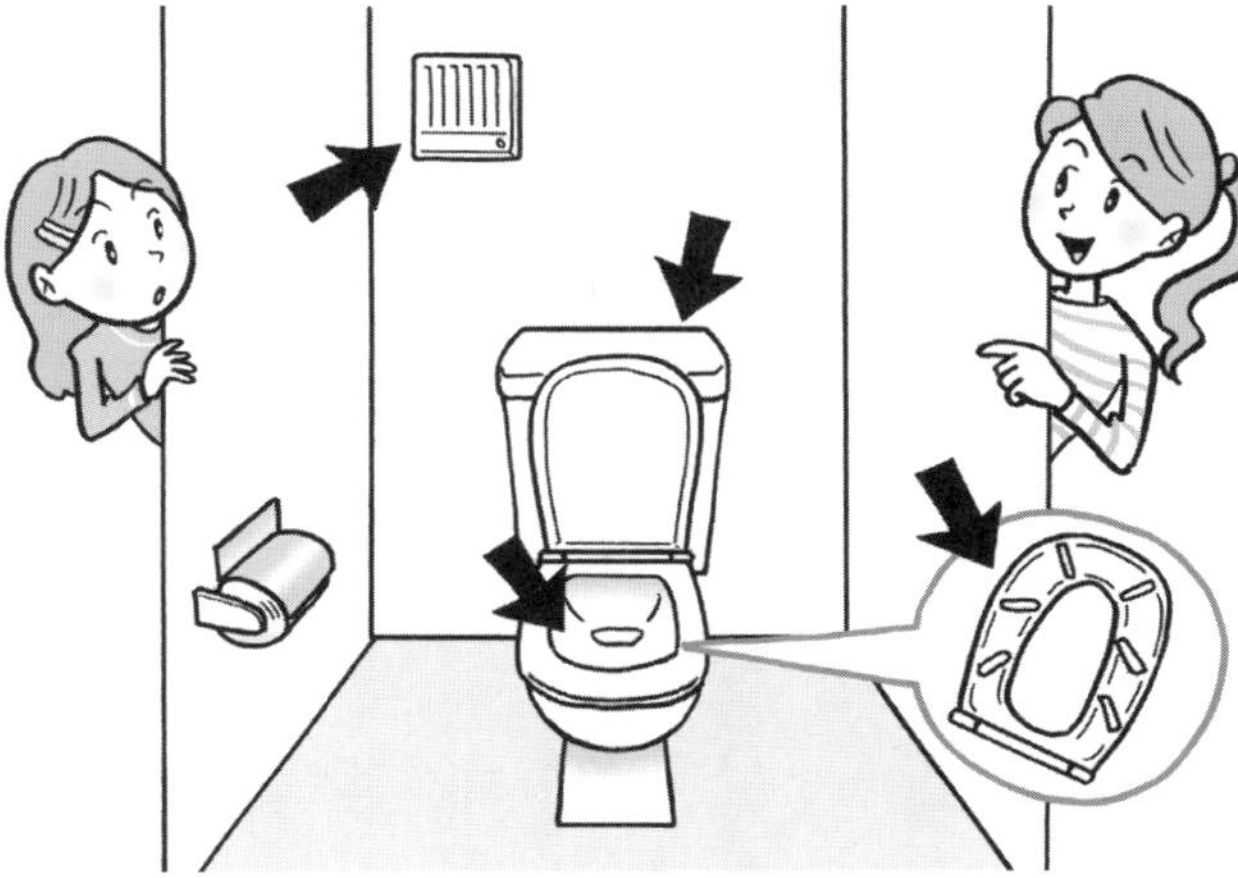

換気口のホコリがたまっていたら、ホコリを落としていきます。ここは場所によっては手が届かない可能性があるので、1人でそうじができるようになったときも大人が手伝ってあげてください。

次に、タンクの上のホコリを拭き取ります。昔は雑巾でやるしかありませんでしたが、最近は便利なトイレそうじ用の使い捨てシートもあるので、それを使っても構いません。

続いて、フタや便座の裏を拭いていきます。これが終わったら、便座を全て上げて、便器の中のそうじをします。使い捨てシートの場合はここまででいったんシートを捨てます。雑巾の場合は雑巾をしっかり洗ってください。

続いて、トイレそうじ用の洗剤とブラシなどを使って便器をしっかりと磨きます。ブラシも最近は洗剤がついた使い捨ての物もあるので、これを使っても構いません。定期的にそうじが実践できるということが肝心ですから、取り組みやすい方法を取り入れてください。

最後に、床、ドアなどを拭いて終了です。

最初は親子で一緒に取り組んでいきますが、何度か親子で一緒に繰り返すとお子さんもやり方を覚えていきます。慣れたら1人でもできるようになります。**1人でできるようになると責任感も生まれ、心の成長に繋がります。**

「そうじ」をただの「そうじ」に終わらせない

家の中で最も小さな個室であるトイレのそうじをすることは「そうじ力」の土台となるとお伝えしましたが、これは「そうじ」をただの「そうじ」に終わらせず、「そうじ力」にするための土台となります。

そうじの時間をただの「そうじ」で終わらせるか、「そうじ力」の時間にできるかは、その人がどのように取り組むかによって変わってきます。そしてそれは大人も子どもも同じです。

私は環境整備についての企業コンサルをしていますが、研修の際には必ず参加される皆さんにそうじに取り組んでもらいます。そして、そうじをしながら、以下の2つのことを考えてもらいます。

「あなたの会社は何をしている会社ですか？」

「あなたはその会社で何をしているのですか？」

さて、あなたなら、この問いにどう答えるでしょうか？

これまで、**多くの会社で研修をしてきて感じたことは、この「何をしているのですか？」の質問に対する答えは、人によって捉え方に幅がある**ということでした。

世界で初めてマネジメントを体系的なものとしたピーター・ドラッカー（1909－2005）は、経営者の素養について、イギリスで長く伝えられてきた「3人の石切」という寓話を基に説明していました。

『3人の石切』

ある村を訪れた旅人が、3人の石切職人にこう尋ねました。

「あなた方は、何をしているのですか？」

すると、３人はそれぞれにこう答えるのです。

１人目
「カネを稼いでいるんだよ」

２人目
「国１番の石切職人になるために、技術を磨いているんです」

３人目
「村人の皆さんの憩いの場となる大聖堂を建てているのです」

ドラッカーは、経営者に向いているのは3人目に答えた人のように、仕事のその先を見通している人だと説明しています。１人目の答えはお金を稼ぐことが目的ですから、石切という仕事に対する誇りは感じられません。手っ取り早くお金がもらえる仕事なら、石切でなくてもいいため、向上心も生まれません。

2人目は、石切という仕事に誇りを感じてはいるものの、目的は自分の腕を磨くことですから、経営者の視点としてはふさわしいとはいえません。

3人の石切職人のうち、3人目の職人はできた大聖堂に名前が刻まれ、後世までその名を知られる職人になりました。**同じ作業、仕事をしていても、志の違いによりこれだけの差が生まれた**のです。

ドラッカーのこのたとえ話を使った著書を読んだのは30年も前の話なのですが、当時の私はこの話にとても勇気づけられたことを覚えています。

若い頃、私は夢を持って東京に出たもののなかなか上手くいかず、たどり着いたのが清掃の仕事でした。**清掃員の仕事は単純作業の繰り返しです。華やかな仕事ではありません。周りから羨ましく思われる仕事ではありませんが、なくてはならない仕事**です。

わかってはいても、仕事に誇りを持てないような気持ちになっていました。

その頃、私は通勤時間を読書の時間に充てていたのですが、そのときに出会ったのが先ほども一部ご紹介したドラッカーの本でした。すでに25歳を迎え、

「このままでいいのか」

と、将来を考えるようになっていました。私は3人の職業が「石切職人」であったことにとても励まされたのです。石切も重労働で、なくてはならない仕事ですが、それほど脚光を浴びる仕事でもなかったため、そこに親近感を覚えたのです。

それからは、仕事への取り組み方が格段に変わりました。

「なぜ舛田は命がけで高層ビルの窓ガラスを拭いているのか」

まず考えたのは自分に対してのこの問いでした。すると、視点が変わりました。社屋の窓を拭く作業は、

「いろいろな会社の様子を見て学ぶことができるチャンスじゃないか！」

と思えるようになったのです。そして、社屋を丁寧に見ながら清掃作業を続けるうちに、環境整備についての思考を深めることができたのです。これは清掃が単純作業であったことも功を奏したと思っています。単純作業は思考を巡らせることができるからです。

こうして生まれたのが「そうじ力」でした。その後、著者としてデビューするまでになり、すぐに増刷、今では海外でも私の本が読まれるようになりました。それは私がこのドラッカーの本を通して「そうじのその先」を見るようになったからです。

「そうじ」をただの「そうじ」に終わらせるか、自分を高めるための「そうじ力」にできるかは、その人がそうじにどのように取り組むかでずいぶんと変わります。

狭い空間のトイレのそうじは、「そうじ力」として取り組むためのマインドを集中的に染み込ませることができる場です。

昔から、日本には「水に流す」という言葉がありますが、トイレや洗面所、風呂場、キッチンなどの水回りのそうじは気持ちが晴れないときにすると、不思議と心がスッキリします。まるで滞ってしまった気持ちが水と一緒に流れていくような感覚です。

こうして気持ちが整うと平常心が戻ってきます。平常心は冷静に考える力を与えてくれます。だからでしょうか。トイレの「そうじ力」によって、

「自分の中にある課題が見つかり、打開策を考えることができました！」

と、読者からの嬉しい手紙があとをたちません。

ワンポイント！

『「3人の石切」の話』

同じ作業をしていても、志の違いでその仕事に誇りを感じる人と、ただお金を稼ぐことが目的の人がいる。どのような気持ちで、どのような志で、目の前にあるやるべきことに取り組むかは、とても大切です。石切職人3人それぞれの答えについて、どのように感じたか、親子で話してみてくださいね。

凝り固まった考えがほぐれるとき

私は時々、八ヶ岳で「そうじ力」の合宿セミナーを行ないます。、合宿の初めに、必ずやるのが、皆さんにテーマをお伝えし、そのテーマのもと散歩に行ってもらうことです。

あるとき私が与えたテーマは、

「八ヶ岳の大自然があなたに語りかけることはなんですか？」

というものでした。**皆さんそれぞれに日常から離れてまずは自然の中で、ご自身の内なる声と向き合ってもらいたい**と思ったからです。

皆さんが自然から聞こえる声を求めて散歩をする中、私はそれとなく順番に皆さんの様子を見ていました。

ボーッと白樺の木を眺める人、揺らめく葉っぱから声を聞こうとする人など、皆さんそれぞれ思い思いに取り組んでいました。そんな中、私はある男性に目がとまりました。他の方々と違い、このワークに少し戸惑っているように見えたからです。

「どお？　何か聞こえた？」

と声をかけてみると、

「全然聞こえません。どうやったら聞こえるのか、ノウハウが知りたいです」

と男性は私に答えを求めてきました。

そこで私は、目の前にある木を触ってもらい、木に流れるエネルギーを感じてみてと伝えました。しかし、彼はやはり、

「何も聞こえません」

と言うばかりです。

散歩後の実践では、木の声が全く聞こえないと話していた彼が、トイレそうじをすることになりました。会場のトイレには、硬い水垢がこびりついていました。凝り固まった水垢は簡単には落ちず、彼は苦労していました。

私はそんな彼にこう声をかけました。

「まるでキミの考えそっくりだね」

彼は無言でしばらくの間その水垢と懸命に闘いました。

この男性は、人間関係に悩みを抱え、合宿に参加していました。

実は木の声を聞くワークは、他人の気持ちを考えることにも通じています。木の声が聞こえないと話していた彼は、おそらく普段から周りの声を、あまり聞こうという姿勢ではなかったと思います。

人の心の内は木の声と同じで表には現れないものです。ですが人間はその見えない心をお互いが思いやって他者と一緒に生きています。

木の声は聞こうとする意識がなければ聞こえませんし、察することもできません。**相手**

の気持ちもわかろうとしなければ何も見えてこないのです。

なぜ、自分は人間関係が上手くいかないのだろうか？

一見すると、まるで相手に問題があるかのように聞こえますが、本当にそうでしょうか？　人間関係が上手くいかないのは相手のせいで、自分に非はないのに上手くいかない、そう言っているように見えます。

しかし、人の気持ちを察する、思いやる心のない人に、人は信頼を寄せません。

彼はその後、懸命にトイレを磨き、水垢と格闘しました。そして、やっと水垢が取れると明らかに表情が変わったのです。それだけではなく、自然の声が聞こえるような気がすると言い出したのです。

「木はなんて言っていた？」

と聞く私に、

「狭いと言っている気がする」

と答えてくれました。

一日中どうやったら木の声が聞こえるようになるかということばかりを彼は考えて、私に答えを求めていたのですが、**ノウハウではわからないことがある**のです。最短で聞こえるようになる方法、情報をくださいと彼は言っていたのですがこれは的外れなのです。

ノウハウは単なる情報にすぎません。**体得することと、情報を知ることは違う**ので、ノウハウを知ったところで、彼は木の声が聞こえるようにはならなかったと思います。

トイレそうじは不思議な場所で、トイレを見つめながらトイレ磨きをして、あなたの能力を封印している言葉について洗い出してみてくださいというと、トイレがピカピカになればなるほど、自分の感情が吹き出してきます。トイレそうじを担当する人たちの中には、涙を流し始める人もいます。

人間関係が上手くいかないという人の場合、理性で感情に蓋を閉めていることがあります。

自分の中の滞り、なんとも言えない怒りの気持ちが湧き上がったとき、その感情を発露しながらトイレをそうじしてみてください。そして、一気に汚れを流してください。

体内にたまる毒素は排泄物だけにたまるのではなく、心にもたまるのです。

安らぎを与えるリビングとダイニングのそうじ

続いて取り組んで欲しいのが、リビングとダイニングです。皆さんにとって、リビングダイニングはどのような空間ですか？

リビングは家族に安らぎを与える空間です。そして、舛田メソッド「そうじ力」では、リビングを次のように考えます。

- 調和
- エネルギーの中心
- 各部屋へエネルギーを送るポンプの役割

リビングは人間の体でいうところの心臓にあたる部分です。リビングは家族が集まり、くつろぐ場所です。昔は居間や茶の間と言われていましたが、いずれも家族団らんを楽しむ場所でした。トイレもそうですが、家族で共有する

場所を気持ち良いものとすることは、お互いが心地良く生活することに繋がります。

『「捨てる!」技術』(宝島社)の著者として有名な今は亡き辰巳渚さんは、**家族について、同じ家に住んでいるから家族なのではなく、一緒に住む1人ひとりがそれぞれに自分の住む家を居心地の良い空間にするために気配りし、互いが1つの家で気持ち良く暮らすための努力をすることで、バラバラな人間が家族になっていく**のではないかとおっしゃっていました。

親子といえどもお互いに別々の人間なのです。夫婦にいたっては、そもそも他人同士です。別々の人間です。それが1つ屋根の下で暮らしているのです。

そして、辰巳さんの言葉をお借りすると、ただ、1つ屋根の下に暮らしているだけでは家族とはいえないのです。それならば、下宿人と同じだからです。リビングが散らかっていたらどうでしょうか。床中にプリントや教材が散らかっている部屋を思い浮かべてみてください。

きっとくつろぐ気分にはなれないと思います。そして、私の経験では、**リビングが散らかっている家庭は家族の調和が乱れていることが多い**です。お互いを気遣う心が足りないと、その想いがそのままリビングにも現れてしまうのです。

ですから、散らかった部屋では心が安まらず、知らないうちにストレスが蓄積されます。ストレスが蓄積すると、些細なことでも怒りたくなってきます。そして、このイライラモードは家族に伝染してしまいます。

家族の心がなんとなくかさついているなと感じるときは、ぜひリビングのそうじを徹底的にしてみてください。調和が戻ってくるはずです。

リビング学習と集中力の関係

最近はリビング学習という言葉ができているほど、リビングやダイニングで勉強をする子どもが増えています。昔と比べて現代は、住まいを考えるときに子ども部屋を考えることは当たり前になりましたが、子どもは頑張る姿を親に見て欲しいのです。そのようなことも考えて家族のいるリビングやダイニングで勉強をさせる家庭も増えています。

いわゆる難関大学にお子さんが合格した親御さんの著書などでも、リビング学習推しのものが目立ちます。この本の共著者であり教育ジャーナリストである宮本さんが、実際に話を聞いた東大出身の方も、リビング学習で育ったとおっしゃっていたそうです。

くつろぐだけでなく、勉強をする空間という役割も担うようになったリビングダイニング。散らかった場所では集中して勉強することなどできません。でもこのリビング学習はくせ者でもあります。

集中する空間をつくるためには、部屋が整っていることは大前提となるのですが、子どもが勉強すれば、散らかる可能性も高まるからです。気を抜くと、集中できる空間でなくなるだけでなく、子どものプリントや教科書が置き去りになり、煩雑になってしまいます。こうなってしまうとリビングダイニングが本来持つ安らぎ空間という役割を果たせなくなります。

先ほども伝えたように、**安らげないリビングは家族の調和を乱します。ここはしっかりと親子で「そうじ力」を実践していきたいところ**です。

5つの評価基準と空間の5分類

舛田メソッド「そうじ力」では、やる気が起きない、つまり、成功とは無縁のような部屋と、やる気をみなぎらせ、成功へと導く部屋の特徴について、5つの評価基準を設けて5分類にしています。詳しくは拙著『一生、運がよくなり続ける！「そうじ力」ですべてうまくいく』（三笠書房）に書いているので、そちらも参考にしていただきたいのですが、本書では、**家族の調和と子どもの集中力を高めることに関係があるチェックすべき項目**について詳しく紹介していきます。

《5つの評価基準》

● 空間の雰囲気…………空間から感じるもの

●キレイ度……………ホコリや汚れのたまり具合など
●放置度………………捨てたほうがいい物や、修理が必要な部分があるかなど
●統一度………………家具やファブリックなどインテリアの統一感
●物の量と収まり具合……収納場所からの溢れ具合など

この評価基準に照らし合わせて空間を5つに分類しています。

《空間の5分類》
【1類】危険空間……………もはやゴミ屋敷レベル
【2類】転落ギリギリ空間……ホコリや汚れが目立ち、そこにいても気持ちが萎える
【3類】安心空間………………なんとなく落ち着くもののスッキリというほどではない
【4類】成功空間………………汚れもなく片づいていてやる気が出て元気になる空間
【5類】おもてなし空間………深呼吸したくなるほど気持ちの良い空間

【1類】「危険空間」は、ホコリや汚れが部屋中にこびりつき、足の踏み場もないほどの

【2類】の部屋のイメージ

状態です。

リビングに置かれている調度品の半分が見えないほどに物で溢れかえっているような部屋をイメージしてください。

ここまでくると、家族だけでなんとかするのは難しいかもしれません。専門の清掃業者を入れるレベルです。もちろん、こんな部屋では勉強どころではありません。

【2類】「転落ギリギリ空間」は、**【1類】**よりもややマシなものの、呼吸が浅くなってしまうような空間です。

座る場所はあったとしても、くつろぐことはできません。もし、自分たちで整えることが難しければ、一度、そうじ代行の業者などを頼り、部屋をリセットしてもらうのも手です。

続く【3類】「安心空間」は、リビングとしての機能を最低限果たしている空間です。良くも悪くも「わが家」感に溢れていて、外から家に帰ってリビングに座ると「あぁ、家に帰れた」と、一息つきたくなる空間にはなっていますが、これだけでは集中力を高める部屋とはいえません。

もう少し具体的にどのような状態の部屋かをお伝えするために、先ほど示した5段階評価で説明していきます。

《【3類】「安心空間」》

- 空間の雰囲気……一応、落ち着く
- キレイ度……パっと見、汚れやホコリはないが、よく見るとある
- 放置度……「捨てよう」「修理しよう」と思いつつ1年以上「放置」の物がある
- 統一度……家具やファブリックなどの統一感は特にない
- 物の量と収まり具合……ダイニングテーブルやリビングのソファーなどに物が置かれている

【3類】の部屋の
イメージ

【3類】の部屋で目立つのが、「物が多い」パターン。そうじ自体は定期的にされている印象で、居心地は悪くはないのですが、あちらこちらに物が置かれているケースが多いのです。

物が多すぎると必然的に部屋は狭くなります。それに、せっかくそうじをしていても、雑然と見えてしまうのです。これはなんとも残念な話です。雑然としてしまう原因は、物が溢れているからです。

置き場の決まらない物は、そもそもリビングにあるべき物ではないのかもしれません。溢れてしまう物たちが、本当にリビングにあるべき物なのかをもう一度考えてみましょう。

集中力が高まる部屋を目指す

居心地が悪くはないということは、「そうじ力」でいう「調和のエネルギー」は合格点で、疲れた心を癒やしたり、気持ちを落ち着かせるには充分な状態と言えます。

しかし、**【3類】**「安心空間」は、現状維持には良いものの、気力をみなぎらせる部屋とまでは到達していません。そこそこ物が散らかっているので、集中力も高まりません。

散らかった部屋が集中力を削ぐという説は様々な方がおっしゃっていますが、一つには、物が見つからないということがあります。

「ここに置いてた三角定規どこにやったっけ?」

「塾で出された宿題のプリントが見つからない」

「あれ? 洗濯したくつ下、片方ないな、どこだっけ?」

など、身に覚えのある方は【3類】だと思ってください。せっかく集中していても、欲しいときに欲しい物がないとそれを探すための時間がかかります。時間がかかるだけでなく、思考の中断が起きてしまい、集中力も途切れてしまいます。

せっかくノリノリで勉強を始めたとしたら、本当にもったいないと思いませんか？

集中力が高まる部屋は、余分な物が目に入らない空間になっています。そして、物の定位置が決まっています。必要な物がすぐ見つかるので、いちいち探さなくてもすみます。

リビングやダイニングのテーブルで勉強するという場合、テーブルの上には勉強に必要な物以外、載っていない状態がベストです。時々、醤油や塩などの調味料をテーブルに常時置いている家庭がありますが、できればこれは片づけてください。小さなことのようですが、これが日々のそうじの効率にも関係してきます。

未来の成功を引き寄せる空間づくり

5分類の後半の2つは成功を引き寄せる空間です。【4類】の「成功空間」は、【3類】の「安心空間」に「発展と繁栄のエネルギー」が加わるような空間です。部屋をこの状態まで高められると自然と子どもの集中力も高まります。**物は全て定位置に収まっており、ホコリや汚れもなく、誰が自分が使う目的のない物は置かれていない状態**です。そして、**誰が見てもキレイに保たれている空間**です。

そして、【5類】の「おもてなし空間」は、これまでのエネルギー要素にホスピタリティーというエネルギーが加わります。5つ星ホテルが演出する空間や、神社、教会といった神聖な場所を思い浮かべてみてください。これらの空間は、くつろげるというだけではなく、さらにハイクラスな空間です。**魂から癒やされ、心が整い、その場所にいるだけで、前向きな気持ちが泉のようにこんこんと湧き上がるような空間**です。

【4類】の「成功空間」は自分にとって居心地の良い部屋なのですが、【5類】の「おもてなし空間」は自分だけでなく、他人にとっても居心地の良い空間です。先ほどもお伝え

したように、家族であっても別々の人間です。家族みんなが心地良く思える空間をつくり上げることは、家族みんなをハッピーにし、成功へと導く空間となるのです。

居心地の良い空間には自然と人が集まります。居心地が良ければ子どももそこですごしたくなると思います。そして、家族がリラックスできるリビングは、家族のコミュニケーションを円滑にしてくれるはずです。

子どもも高学年になると塾での勉強時間も長くなるので、親子で顔を合わせる機会も減ってきます。だからこそ、一緒にいられる時間は大切に親子で楽しくすごしたいところです。くつろぐことができれば脳が休まり、明日からの活力を生み出してくれます。

リビングダイニングをレベルアップ！

では、どうしたら【3類】の部屋をレベルアップさせることができるか、実践していきましょう。ちょっと時間はかかるかもしれませんが、最初はぜひ一気に部屋を片づけて欲しいです。そのための**スリーステップ**をお伝えします。

【部屋レベルをアップする「そうじ力」のスリーステップ】

ステップ❶ **捨てる（捨て力）**……いらない物を捨てる

ステップ❷ **汚れを取る（磨き力）**…ホコリや汚れを取り去る

ステップ❸ **整理整頓（整え力）**……物の置き場を決め、あるべき場所にしまい、空間を整える

このスリーステップに親子で取り組んでいきます。

まずは、リーダーを決めます。リビングに置いていい物といけない物のジャッジメントをする審判のような立場ですから、親御さんが担います。

そして、お子さんと一緒にリビングダイニング空間のルールを決めます。

例えば、**家族の共有場所ですから、個人の持ち物は置かない**、などです。これはどこの家庭にも使えるルールだと思います。

おそうじチェック リビングとダイニングの点検

- □ 個人の物が散乱していませんか？
- □ 机の上に物が載っていませんか？
- □ ソファーや椅子の上が物置き場になっていませんか？
- □ 床（カーペット）は汚れていませんか？
- □ 家具の隙間にホコリがたまっていませんか？
- □ 照明は暗くないですか？

ルールづくりは必ず親子で話し合う

ルールをつくるときは必ず親子で話し合いながら一緒に決めてください。

この親子で決めるルールづくりには、とても大切な理由があります。

子どもは他人から考えを押しつけられることをとても嫌います。自分が納得しないルールはきっと守ってくれません。お子さんにも、ルールを納得してもらう必要があるため、必ず一緒に決めて欲しいのです。

親がルールを決めてしまうほうが楽ですから、子どもと一緒に考えるというのは面倒に思うかもしれません。でも、子どもが自分で納得してもらうには、これが一番近道なのです。

そして、物の置き場所も一緒に考えて決めていきます。

リビングダイニングの空間に置いてもいい物は、基本的に家族全員が使う物です。

テレビのリモコンはどこがいいかな？

薬箱はどこにする？

などなど、みんなで使う物の置き場を決めます。
これをすると、子どもも物のある場所を覚えますから、

「あれー！　絆創膏どこだっけ？」

なんて、いちいち聞かれることも減ります。
ルールづくりが終わったら、リビングダイニングの窓をガバッと大きく開けて、いよいよ「そうじ力」のスリーステップの開始です。

判断力を育む「捨て力」

まずは、いる物、いらない物の「仕分け」から始めます。

舛田メソッド「そうじ力」では、捨てる力を「捨《す》て力《りょく》」と名づけました。**捨てるという行為、実は今、学校教育でも注目されている思考力や判断力を育むのにも役立ちます。**

【3類】の部屋の特徴として、物が溢れていることをあげました。

あなたのご家庭の部屋の中を見渡してみてください。

「何かに使えるかも」と思ってとってあるお菓子の缶などはありませんか？

この「かも」がくせ者なのです。使うかもしれないと思いつつ、1年間使わなかった物は、だいたい次の年も使いません。子どもの物も同じです。

これをきっかけに、勇気を持って捨ててしまいましょう。

「捨て力」は取捨選択の連続です。

これを繰り返すことで「なぜそれがいるのか」という基準がわかるようになります。そして、家族や自分に必要な物だけをとっておくという力を身につけることができます。これは勉強にも応用が利く力です。

例えば、試験勉強をするときのことを思い浮かべてみてください。すでに理解している数学の問題を繰り返しやるよりも、理解にいたっていない勉強をするほうが大事ですよね？

今何が必要で、何が必要ないか、「捨て力」はそれを見極める力を養ってくれます。

また、**「捨てる」という行為は、執着を捨てることにも繋がります。**

捨てたくても捨てられない物というのは、たいていの場合、その人の思い入れがある物です。

運動会でもらった折り紙のメダル

出産祝いにもらったぬいぐるみ

恩師からの手紙

などなど、なかなか捨てられないこともあります。「そうじ力」のセミナーでは、捨てられない物を持ち寄って、捨てる決意をするイベントをやっています。なぜなら、1人では決断できない人が多いからです。

捨てたいのに捨てられない……

あるとき出会った女性もそうでした。

初めての給与で買ったブランド物のコートが捨てられないというのです。この場合、高価だったということも、捨てにくくさせていたのかもしれません。

そういうとき、私は必ず、小さな一歩を踏み出してみるようにと伝えます。

「ぼろぼろのタオルはないですか？　タオル1枚でもいいから捨ててみて」

なかなか思いつかない場合は、場所を指定して、イメージしてもらいます。例えば洗面所です。トイレと同じで洗面所もとても小さな空間ですから、イメージがしやすいのです。

「これ、いらないかもなぁと思う物をリストアップしてみて」

セミナーの参加者にそう問いかけると、わずか数分でいろいろな物が出てきます。

試供品でもらった化粧水

髪をとめるゴムが必要以上にある

新しい物を買い換えたのに、もったいなくて捨てられないヘアアイロン

いかがでしょうか。皆さんもちょっと考えてみてください。

リストアップした物の中から、1つでいいので試しに捨ててみてください。

不思議なもので、**1つ捨てると、捨てる勇気が湧き上がり、捨てることに対してのハードルが下がる**のです。

相談にきた女性は、その後、なんとゴミ袋10袋分もの物を捨てることができたそうです。

小さな一歩が「捨て力」を身につけることに繋がったのです。

そして、**物を持ちすぎているというのは、執着の現れ**でもあります。執着心は、ときに人間にマイナスに働くことがあります。**執着は未来ではなく、過去に縛られている状態**だからです。

手にいっぱい何かを握りしめたままで、新しい物を持つことはできません。

今の自分には必要ないと思う物には、「今までありがとう」という気持ちを持ちつつ、捨ててください。

「捨て力」を使うときに一番厄介なのが「もったいない」という気持ちです。

「もったいない」と思うことと「物を大事にする」ことは全く別のものなのですが、どうやらここを混同している方が多いようです。

「このハンカチ、高かったし捨てるのはもったいないから取っておく」

「3色入りのアイシャドーなんだけど、1色だけ使い終わっちゃって。でも、2色は残っているから、また使うかもしれないと思うと捨てられない」

セミナーではこの手の話をよく聞きます。先ほどあげたヘアアイロンの場合もこのパターンです。でもきっと、古いヘアアイロンは使わないでしょうし、アイシャドーの残った色は、あまり使わないから残ったのです。

ハンカチはどうでしょうか。それを使っている自分を想像できますか？

使っている場面が思い浮かばないのなら、それはあなたにとっては必要な物ではないのです。

必要ではない物をため込んでも仕方がありません。

「もったいない」を言い訳にして物を大切にしているんだと言う人もいますが、使わなければ放置しているのと同じです。あなたにとって不要な物であり、なくても困らない物なら捨ててしまいましょう。

この「捨て力」は、勉強方法や進路を決めるときにも、とても役立つ力になります。

この問題集をやる必要があるのかないのか、自分の足りないところを補強するために必要な物はなんなのか、成績を上げたいと思うときには必ず考えなくてはいけないことです。

進路を選択するときも、憧れの学校があることはやる気を出すのに大事なことですが、不合格となり、別の学校に入学しても落ちた学校に未練を抱いていたのでは先に進めません。

このように、物事を前に進めるときというのは、必ず取捨選択が必要になります。**何が自分にとって必要なのか、自分が未来に向かうために必要なものが何か、それを考えるための思考力を「捨て力」は鍛えてくれる**のです。

心を磨く、拭きそうじ「磨き力」の不思議な力

溢れていた物がなくなったら、ここからは拭きそうじをしていきます。

拭きそうじ「磨き力」には不思議な力があります。これまでの本にも書きましたが、拭きそうじをすると、

「気持ちがスッキリした」

という人がたくさんいました。舛田メソッド「そうじ力」では、ホコリや汚れはマイナスのエネルギーを発するものと考えています。マイナスのエネルギーとは、つまり、やる気や気力を削ぐものです。それだけでなく、運までも吸い取ってしまいます。

ホコリがたまった部屋は空気もよどむため、息苦しい感じもしてきます。気持ちがスッキリするのは、ホコリや汚れが取り除かれることによって得られる効果だと思います。

時間がしっかり取れるときは、ぜひ天井から拭いてみてください。天井を拭くためには脚立などが必要になりますが、結構汚れていることを実感するはずです。そして照明も拭き、壁にとりかかります。

拭くときは、必ず上から下へと一方通行で拭くようにしてください。そうじ用洗剤などを使うときも同じです。洗剤を壁にスプレーして拭いていきますが、このときに下から上に拭くとなかなかキレイになりません。

なぜなら、上から汚れた洗剤がどんどん落ちてくるからです。本棚や飾り棚などがある場合はそれも上から順に拭いていきます。ここもホコリがたまりやすいので、いったん本を全て出して拭き上げてください。

続いて窓です。**窓は外の新鮮な空気を入れる大切な役割を持っています**。風とともにプラスのエネルギーを運んでくれます。実は、引っ込み思案のお子さんには、窓拭きがオススメです。

「そうじ力」では、窓は対人関係を表す場所として捉えています。

不登校や引きこもりのお子さんをお持ちのご家庭に行くと、カーテンを閉めっぱなしにしていたり、窓をダンボールで塞《ふさ》いだりしている子がいました。窓を開けることもないため、部屋の空気もよどみ、マイナスのエネルギーが充満しているのです。

これは子どもだけでなく、大人も同じです。あるとき、私のところにきた方は、このところ何をするにもやる気になれず、人と会うのもおっくうになってしまったという悩みを持っていました。

私が、

「窓はキレイにしていますか？」

と聞くと、住まいはワンルームマンション、隣のマンションとの間が狭く、窓を開けるとこちらが丸見えのため、一度も開けたことがないというのです。

そこで、まずは窓を拭いてみることをオススメしました。窓は唯一、外との接点のできる場所です。その**窓や網戸が汚れている家に住む人は、内向きな気持ちになる人が多い**のです。

窓ガラスをキレイにすると、自然と社交的になります。心に他者を受け入れるゆとりを持てるようになり、人との交流に喜びを持てるようになります。**子どもが内気で悩んでいるというご家庭は、ぜひ窓拭きをお手伝いに取り入れてみてください。**

窓拭きをするときは、雑巾を2枚用意します。固く絞った水拭き雑巾と、から拭き用の雑巾です。内側は、水拭き雑巾でまず拭いていき、それからから拭きで仕上げます。砂埃もつきやすい外側は、乾いた雑巾でホコリを落として、水拭き雑巾で汚れを取り除きます。それから、から拭き雑巾で再び拭いて仕上げます。

ホームセンターなどに行くと窓拭き用の便利なワイパーもいろいろと売っているので、窓の多いご家庭ではこうした道具を使うのもオススメです。

一般の方が難しいと感じられる部分の一つに窓のサッシがあります。チリやホコリがたまると硬くなることもあり、水拭きで取ろうと思ってもなかなか取れないのです。

固まってしまった汚れは乾いている状態のときに、固めのブラシでこそげ落とす感じでこすります。崩れたところを掃除機で吸い取ります。ここでやっと水拭きです。

こうして窓とサッシをキレイにしたら、毎日この作業をする必要はありません。しばらくは化学雑巾で拭く程度でもキレイな状態を保てます。

ここまで、家族で共有する場所のそうじを見てきましたがいかがだったでしょうか？

いずれの場所もまずは、お子さんと一緒に取り組んでいただき、慣れてきたら少しずつお子さんのお手伝いとして任せてみてください。

舛田家では、リビングやトイレ、洗面所、風呂場のそうじをローテーションにしていました。もちろん、子どもたちもこのローテーションに入っています。どの持ち場を選ぶかは自己申告制です。そして、大きくなってからは、そうじをすることでお小遣いがもらえる仕組みにしていました。これは、**「お金は働いて得るもの」という経済感覚を育てたかっ**

たからです。

ですから、やる場所によって金額も変えていました。今月はたくさんお小遣いが欲しいなというときは、シフトにたくさん入ります。これは、自主性を育てるのにも役立ったと思います。

そうじすべき3つの場所の最後は子ども部屋です。子ども部屋は次の章でじっくり取り上げます。

洗濯物をたたんで「整え力」を高める

くつろぎの場所であるはずのソファーに洗濯物がたまってしまう家庭があります。これは、洗濯物をたたむ係の人がキャパオーバーになっている可能性があります。1人で担うのではなく、担当の分担が必要なサインです。

例えば、家族それぞれに専用の箱を1つ用意します。たたまずに、その箱にそれぞれの洗濯物を分けて入れる作業だけなら、ちょっと疲れていてもできそうではないですか？

それぞれの服はそれぞれの箱に入れてあげ、そこから先は本人たちに任せます。その箱を翌日までリビングに置き去りにするのはNGです。必ずその日のうちに自室に持ち帰り、空にして洗濯機の上の棚など、定位置に戻すようにします。

お子さんに余力があれば、洗濯物の仕分けも手伝ってもらいましょう。

当然ですが、**分ける作業には誰の持ち物かを考えて、分けていく仕分け作業が必要です。**
ちなみに、これは小学校のお受験で出てくる仲間分けに通じています。

親御さんに時間があるときは、ぜひ一緒にたたむ作業をしてください。

洗濯物をたたんで、あるべき場所にしまうことは、「整え力」を高め、いろいろな学びに繋がります。算数で必要になる「半分」や「2分の1」という概念も、体で感じることができます。

例えばタオル。半分に折りたたむと小さくなるんだなということが、実体験としてわかることは、とても大切です。

「手伝ってくれてありがとう。とっても助かるよ」

などと、声をかけながら一緒にたためば、親子の大事なコミュニケーションの時間にもなります。

宮本さおり〝主婦として〟の視点

ホコリで人は死なない？

先ほど、専業主婦時代は「毎日そうじをしていた」とお話ししましたが、フリーの記者として復帰してからは、専業主婦時代のようにはいきません。反省点があるとすれば、1人で全部をやろうとしていたことです。

専業主婦だったため、「家のことは私がやらなければ」という思い込みが強く、家族に手伝ってもらうと「申し訳ない」という感覚が当たり前だったのです。そんな暮らしで長いことときてしまったためでしょうか。記者としての仕事が次第に増えていくと、家のことが回らなくなってしまいました。

本章に出てきた家のように、ソファーの上には洗濯物が山積みになり、部屋の隅にもホコリが見えるようになってしまったのです。

「大丈夫、ホコリで人は死なないから」

忙しいため、そう思うようにしていました。でも、なんだか家族はギスギスとしてきました。散らかったリビングは安らぐことができないためか、夫も子どももちょっとしたことでイライラ、私もトゲのある言葉を発してしまいました。

ホコリで体は死なないかもしれませんが、心をむしばんでいたのです。

また、ホコリが原因で病気になることは周知の通りです。例えば、人体に影響を及ぼすハウスダスト。ダニのフンや死骸は家の中のチリや繊維ゴミなどと混ざってホコリになるとアレルギーを引き起こすハウスダストになってしまいます。

そして、ホコリには花粉が含まれていることもあります。服などについて屋外から持ち込まれた花粉が家の中で床に落ち、ホコリに混じることも。ホコリで人は死なないとは言

〈舛田家のおそうじローテーション表〉

担当する人が名前を書く

	月	火	水	木	金	土	日	メモ
リビング そうじ機	みく	パパ	ママ					
リビング ふきそうじ	パパ	みく	こうた					
トイレ	ママ	こうた	みく					
テーブル ふきそうじ	こうた	ママ	パパ					

い切れないかもしれません。体に大きな影響を及ぼすアレルギーを引き起こす原因にはなってしまうのですから。

そう考えると家族の心と体の健康を守るために、定期的なそうじは必要です。

家事の分担を考える

でも子育て中の共働き世帯の場合、誰か1人でやったのでは、私のように回らなくなってしまうこともあると思います。舛田家のように家族みんなでキレイにできるといいですね。

右肩上がりに給与が上がるという時代で

もないですし、片方の働きだけで子どもを大学まで出せるという時代でもありません。

高学年になれば手は離れると思われがちですが、塾の送迎など、親にはこれまでとは違ったタスクが入ってきます。家事を分担する習慣ができていれば、このようにタスクが増えた場合でも夫婦でやりくりすることが自然とできるようになります。

第3章

自分で考える思考力を育む「子ども部屋」のそうじ

AIに負けないための「思考力」を育む

AI（人工知能）が何かと話題になる今日この頃。ここ数年はAIによってなくなる仕事についての記事も目立ちます。子どもの将来を考えるとき、AIに奪われない仕事を意識している親御さんも多くなっています。

では、**AIに奪われない仕事とはどのような仕事なのでしょうか**。

近頃、特に話題となっているのがChatGPTに代表される生成AIの技術です。学校や大学でも学生がそれを使うことに対する是非が問われるようになってきました。単純な文章作成はかなりの精度でこなしてくれますし、必要な情報をネット上から拾い上げ、体の良い文章にまで仕上げてくれるからです。

しかし、その元であるネット上の情報が誤ったものであったとしても、ChatGPTにはわかりません。**生成AIは文章の意味や内容を理解しているのではなく、単純に単語や文字の配列で、情報を判断して繋ぎ合わせているから**です。

先日、これを物語るニュースが新聞に載りました。都内のある私立中学で出された理科の宿題でのこと、中学1年生250人が提出した宿題を添削すると、半数以上の生徒が同じ誤答をしていました。違和感を覚えた教員が調べたところ、生徒はネットを検索、生成AIのつくり出した回答をそのまま書き写していたことがわかりました。

そもそも生成AIが情報元として使ったホームページの情報に誤りがあったのです。生成AIが必ずしも正しい情報を提示してくれるわけではないことを裏づけるニュースでした。

生成AIは、例えば定型文をつくったり、人間が正しい情報を与えて活用するにはとても便利なものです。ですから、**ルーティン化できる仕事は今後、さらに生成AIなどの革新的な技術が活用される時代になる**と思います。

我々のように文章をつくり出す仕事の中でも、テープ起こしなどの単純作業はかなりの精度で機械がやってくれるようになっています。しかし、それは「すでに存在しているもの」からつくり出すことであり、今の技術では機械がゼロからつくり出すことはできません。

いやいや、最近は有名作家の作風を真似て新作をつくる挑戦もされているではないか、というご意見の方もいらっしゃるかもしれませんが、それとてゼロからイチをつくり出したものではありません。日本でも手塚治虫のマンガを生成ＡＩがつくり出すという挑戦が行なわれていましたが、これは手塚治虫の膨大な作品をＡＩに学習させてつくり出されたものです。

つまり、機械はどこまでいっても機械であって、人の心を魅了する作品の「元」がなければ手塚作品風の新作をつくり出すことはできないのです。ですから、**ゼロからイチをつくり出す創造性が求められる仕事はなくならない**と思います。

これからの時代に必要な力とはつまり、**ＡＩを働かせるのに必要な〝元〟をつくる力や、新しく生み出された情報の活用などの、様々な組み合わせをプロデュースできる力**だと思います。

そして、この**いずれにも必ず必要になってくるのが、「自分で考える力」であり「思考力」**です。

思考力は自分で磨くしかありません。では、どうやって磨くのか。

国語や算数といった教科教育の中で磨くこともちろんできますが、普段の暮らしの中でも養うことは可能です。

人間には素晴らしい脳があります。動物の中でこれほど優れた脳を持っている生き物はいないのです。ＡＩの研究では、人間の脳にどれだけ近づくことができるかの研究が日夜行なわれていますが、この研究によって人間の脳がいかに複雑で優れているのかを証明していると言えるでしょう。

人間は考えることができる生き物で、自らの間違いを自ら正し、新たなチャレンジを行

なうことができます。

考えることができる脳が備わっているのですから、日頃からその力を活かせるようにすればいいのです。家庭生活のちょっとしたことでも、お子さんが自分で考えられるように促すことで、自分の頭で考える習慣が生まれます。

舛田メソッド「そうじ力」では**お子さんが自分で考えることを重要視**しています。

言われたことをやるのは機械にできることですが、**そうじは言われたことをヒントに自分で工夫し、自分なりのやり方を確立することができます。そうして自分で考えていくことは、自立にも繋がります。それを支えるのが親であり、周りの大人たちの役割です。**

トイレやリビングのそうじができるようになったら、効率的にできる方法をお子さんに考えさせてみるのもいいでしょう。「捨て力」では常に必要な物と必要ではない物を考えて区別しなくてはいけませんよね。また、「整え力」では物の適切な置き場所を考えて、使いやすい配列に整えていく必要があります。

「そうじ力」の良いところは、机上の思考だけに終わらないところです。実際に部屋が整っていくため、目で見て違いを実感することができます。**頭で考えたことについて手を動かし、変化を体感できる**のです。子どもにとって抽象的なことを考える力を高めるためには、こうして具体的に触ったり、目にしたりできることはとても大切なのです。

抽象的なことが苦手とはどういうことなのかというと、例えば一番わかりやすいのが小学1年生で取り組む算数だと思います。毎年入学シーズンに話題になるのが「おはじき」の名前書き問題です。経験者の方ならおわかりだと思いますが、学校から小さなおはじき一つひとつに名前を書いてくださいと言われるため、親としてはかなり面倒な作業ですよね。

なぜ、おはじきを算数で使うのか、それは、小さな子どもはただの文字である数字を見ても、その概念がわかりません。だからおはじきという道具を使って、1つ、2つというのがどういうことなのか、数の概念を学んでいくのです。

具体的なそうじという作業を通して、自分で考えて行動するのがどういうことなのかを体感することができるのが、舛田メソッド「そうじ力」の良いところだと思います。

子ども部屋は子どもの心のバロメーター

小学生のお子さんをお持ちのご家庭の方と話をすると、子ども部屋をいつ与えるかが話題になることがあります。日本では、乳幼児のうちから子ども部屋を持たせる家庭は少ないため、子ども部屋をいつ与えたらいいのかと迷うご家庭が多いのです。

あるハウスメーカーが子ども部屋についての調査を行なったところ、子ども部屋を持っている子の割合は小学校1～2年生男子が37・0％、女子は45・7％。小学校5～6年生では、男子58・3％、女子73・2％という結果でした。子ども部屋を設けた時期は、小学

Q　あなたがお子様に「子ども部屋」を与えた時期を教えてください。

子どもに子ども部屋を与えている人(n=302)

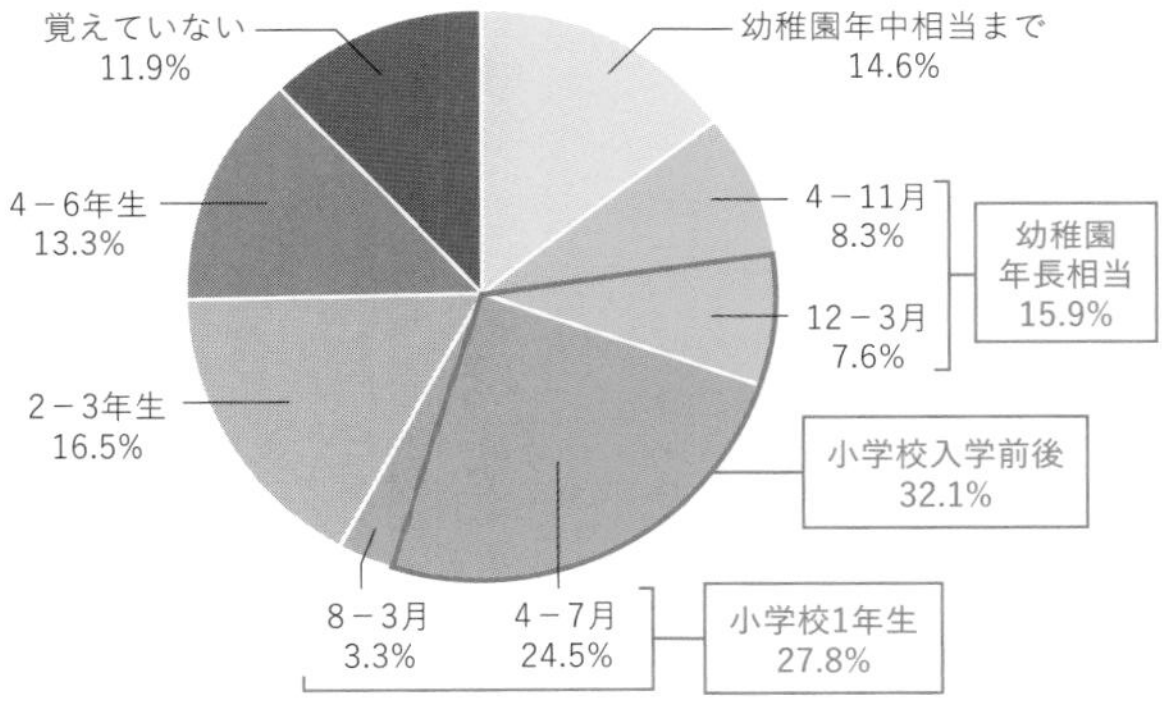

Q　あなたがお子様に「子ども部屋」を与えた最大の理由を教えてください。

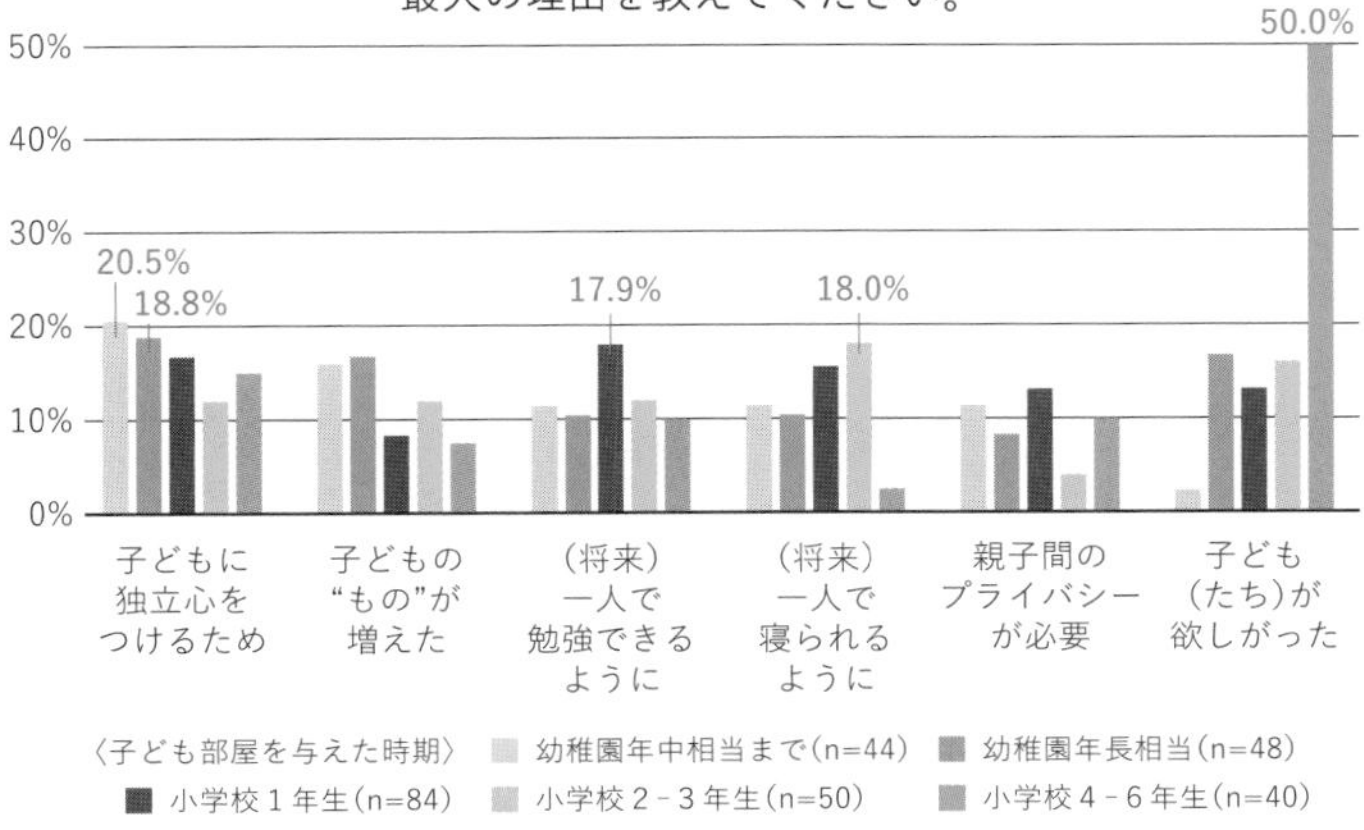

〈出所〉上記図、引用元「積水ハウス 住生活研究所」による調査、引用元調査「小学生の子どもとの暮らしに関する調査(2023年)」積水ハウス
ウェブサイトの該当記事(https://www.sekisuihouse.co.jp/company/research/20230303/

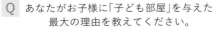

校1年生（27・8％）が最も多く、次に「幼稚園年長相当」15・9％でした。

子ども部屋を与えた理由を見ると、1年生では「（将来）一人で勉強できるように」、2～3年生は「（将来）一人で寝られるように」という親主導の解答が目立ちますが、小学校4～6年生では、半数が「子ども（たち）が欲しがった」からという、子ども主導で子ども部屋を与えることになったケースが増えていました。

もう1つ、同じ会社が行なった調査で興味深いものがありました。そのアンケートは、子どもが小学生になったことで新たに増えた家事や生活の変化について問うものでした。結果にはこんな答えが並びました。

「家に〝もの〟が増えた」（46・5％）
「収納が足りなくなった」（28・3％）

小学校に上がると、まずは教科書や絵の具などの教材が増えますし、学年が上がると習字道具やリコーダー、裁縫箱など、意外と場所を取る物が次から次へと家にやってきます。

入学の段階では子ども部屋を与えないにしても、こうした学用品を置ける場所を確保することが必要になります。

リビングダイニングの「そうじ力」で学んだ通り、**整った部屋を保つためにはそれぞれの物の置き場所を決める必要があります。言ってみれば〝その物の住所〟**です。お子さんに「いろんな物たちも、ここが自分の住所って決まっていたら、元の所に戻しやすくなるんじゃない？」などと話してみるのもいいかもしれません。

新しく物が増えたら、お子さんと一緒にそれぞれの物の住所を決めておけば、散らかってしまったときにも戻す場所がわかっているため、片づけやすくなります。

しかし、このように子どもの物を置くコーナーを決めたり、子どもに自分の部屋を与えた家庭では、今度はこんな声が上がってきます。

「うちの子、散らかし放題で困るんです」

「子どもの部屋を覗《のぞ》いたら、机の上に教科書やプリントが散乱、どうやったら整理整頓できるようになりますか？」

「何度叱っても部屋を片づけなくて困っています」

この本を読んでくださっている皆さんの中にも頷《うなず》く人は多いのではないでしょうか。

散らかった部屋を見ると、思わず叱りたくなりますが、そこをぐっとこらえて少し考えてみてください。

ワンポイント！

『「物の住所」という考え方』

たくさんの物に囲まれて、私たちは生活しています。何がどこにあるのか、すぐにわかると便利ですよね。例えばですが、お子さんへの声かけで「ちゃんと片づけて」というよりも「それの住所どこだっけ？元の場所に戻してあげてね」と伝えるほうが、言うほうも言われるほうも嫌な気持ちにならずにすみそうです。

子どものストレスに気づいてあげる

部屋は自分の心を現す鏡でもあります。子どもたちは朝早くから学校へ行き、授業を受けて、友だちと遊び、また重たいランドセルを背負って自宅に帰ってきます。子どもにとって学校は世界の全てのようなところですが、そこではいろいろなことが起こります。

「友だちとケンカをしてしまった」

「忘れ物をして先生に叱られた」

「勉強が全然面白くない」

「部活動でレギュラーから外されてしまった」

などなど、嫌なことがあったとしても、いちいち「親には言わない」という子も多いです。彼らは彼らなりのストレスをため込んで家に帰ってくるのです。

しかし、子どもは自分にストレスがたまっていることを、自分で気がつくことができません。ストレスがたまっているサインは、怒りっぽくなるなどの、態度からわかります。

部屋というバロメーター

ある精神科医の先生は、たとえ楽しいことであったとしても、脳は疲れるのだとおっしゃっていました。脳が疲れるとストレスもたまります。ですから**子どもの空間が散らかるときは、片づけることができないほど、外でたくさん脳を使って帰ってきているということが考えられる**のです。

部屋は子どもの疲れ具合を見える化してくれる心のバロメーターなのです。

そう考えると、声のかけ方も変わってくるはずです。大きな声で、

「片づけなさい！」

と叱っても、子どもは叱られたということしか頭に残りませんし、いやいや片づけをすることになり、余計にストレスがたまります。子どもが口答えをすれば、無駄な口論が勃発し、こちらも結局ストレスがたまりますから、何も良いことがありませんよね。

舛田メソッド「そうじ力」の場合、まずは部屋を褒めてあげることから始めます。

「毎日頑張っている子の部屋だね」

と、優しく声をかけてみてください。そして、子どもの声に耳を傾けていきます。

子どもと向き合うときに、親がイライラしていると子どもは本音を話してくれません。

以前、子どもとお風呂に入るのは何歳までＯＫかということがニュースになったことがあります。公認心理士の先生は、できれば低学年まででやめたほうがいいだろう、とおっしゃっていました。

大きくなっても異性の親とお風呂に入っていると、異性に裸の姿を見られても恥ずかしくないという子に育つ可能性があるそうです。

記事には小学校高学年の息子がまだ一緒にお風呂に入るけど、大丈夫だろうかという母親の声がありました。公認心理師の先生は、この子の場合はゆっくりと母親と話せる時間がお風呂のときしかないからなのでは、と分析していました。

子どもは親がリラックスしていないときには本音を話しにくいそうなのです。ですから、**お子さんの本音が聞きたいときは、親もなるべくリラックスした気持ちで向き合うことが大切**なのです。

お子さんの部屋が散らかり始めたなと思ったら、

「今日の授業はどんなことをしたの？」
「最近、いつも一緒に遊んでいる○○ちゃんは元気？」
「サッカー忙しそうだね」
「塾の宿題、難しい？」

など、試しに最近の外での出来事や様子を聞いてみてください。

そして、**会話の中から本人が悩んでいることや、頑張っていることを見つけて、その気持ちに寄り添うような言葉をかけてあげましょう。**

本書の冒頭で、社会人になりたての頃の娘の部屋が乱れていた、という話を書きましたが、娘も、

「よく頑張っているんだね」

と声をかけただけで、気持ちが溢れてきました。

精一杯頑張っているときほど、人間は全身に力が入っているものです。**緊張をほぐしてあげることも、親の大切な役割**だと思います。

子どもが自分で動き出すマジック

ところで、お子さんの部屋が汚れているとき、親御さんの空間はどうですか？

キッチンが物で溢れかえっている

洗濯機の前に洗濯物が山積み

ダイニングテーブルになぜかレシートが散らばっているなど、**子ども部屋が子どもの心のバロメーターであるように、大人にとっても部屋は心のバロメーターです。**私は子どもが小さかった頃に、子どもから教えられたことがありました。

それはちょうど、私が著者として初めて本を出そうとしているときでした。講演などで全国を飛び回り、とにかく忙しい日々でした。その合間に本の出版に向けて、原稿を書く作業を続けていました。

でも、書きたいことは山ほどあるのに、一向に筆が進みません。執筆は自宅の書斎でしていたのですが、机に向かってもなんとなくイライラしてしまいます。ふと、部屋を見渡してみると、部屋が散らかっていたのです。

あちこちに資料の本が散乱、机の上にもいろいろな物が載っていました。そして、自室を出てリビングに行くと、リビングにも私の仕事関係の書類や物が場所を取り始めていたのです。

子どもの部屋を見ると、４歳だった娘の部屋も、ぐちゃぐちゃになっていました。床は絵本やおもちゃでいっぱいで、お世辞にも「キレイな部屋」とは言えません。

思わず私は、

「片づけなさい」

「早くそうじしなさい！」

などと、子どもに強く言ってしまいました。でも、口うるさく言っても、子どもは一向に部屋を片づけてくれませんでした。

この状態が数日続いたあとに、私は全く原稿が書けなくなってしまいました。

講演の準備もあり、とても忙しい日々だったのですが、私は気持ちを切り替えるために、いったん仕事の手を止めて、家のそうじをすることにしました。まずは書斎を見渡して、いらない物を徹底的に捨てました。そして**散乱していた物を、あるべき場所に戻し、雑巾を手に磨き込みをすると、だんだんとイライラが柔らいでいる**自分に気がつきました。

こうして**心が軽くなると、頭もスッキリ。仕事の効率が一気に上がり、原稿もサクサクと書けるようになった**のです。

心の健康を診る心療内科では、うつ傾向のある人に、草取りなどの単純作業を進めることがあるそうです。現代人の脳はとても疲れています。インターネットやスマートフォンという便利な道具ができたおかげで、どこでも仕事ができるようになりました。

SNSを見るのは楽しいことでもあるのですが、脳としてはそれも情報のインプットになるので疲れる行為です。

こうして**インプットばかりが増えると脳は情報を処理しきれなくなり、ものを考える力だけではなく、やる気も低下してしまう**そうです。

デジタル機器を使わない単純作業をすることは**脳を休めることに繋がる**のです。草取りは外での活動になりますから、日光と新鮮な空気を取り入れることもできるため、落ち込んでいるときなどにはオススメの作業だということでした。

考えてみれば、**そうじはデジタル機器を使いませんし、雑巾がけは単純作業です。窓を開けて、空気を入れ替えながら行なうため、脳をリラックスさせるのにはもってこい**の作業なのです。

これは子どもにとっても同じです。

なんだか勉強のやる気が出ない……

集中できないなぁ……

という様子が見られたら、テーブルなど狭い所でいいので、親子で一緒に拭きそうじをしてみてください。

私が仕事の手を止めて、家のそうじをした翌日、娘の部屋を覗《のぞ》いてみると、驚くほどキレイになっていました。妻が片づけたのかと思って聞いたのですが、妻はやっていないというのです。

そこで娘に聞くと「私が自分でやったの」と、話してくれました。娘は、

「パパ、昨日おそうじしてたでしょ、私はいつもパパを見ているから」

この出来事をきっかけに「そうじ力」の1つのメソッドが生まれました。

それは、子どもに部屋のそうじをやって欲しいと思うのならば、**まずは親が実践すると**

いうことです。

あれだけ口うるさく言っても部屋のそうじをしなかった娘です。口で言っても彼女の心は動かなかったのです。小さい子どもであればあるほど、**心が動かないと行動に繋がりません。**小さい子どもは心を曲げることがとても難しいからです。

大人の世界でも、人の心を無理矢理に他人が変えることはできません。我が子であってもそれは同じなのです。

相手の心を変えたければ、まずは自分が変わることです。

子どもは、我々親をよく見ています。

自分を律し、その姿を見せていけば、自然と子どもは変わっていきます。子どもが自分で動き出すマジック、それは、親自身がまずはやって見せるということです。

大人が整えるべき空間が散らかっているとしたら、まずはそこを片づけることから始めてみてください。

部屋を撮影してセルフチェック

最近、私がオススメしているのは、**現在の部屋の様子を撮影する**ことです。

部屋にはその人の心が現れているのですが、これを客観的に見るのはとても難しいことです。特に、お子さんの場合はそうだと思います

また、「片づけなさい！」と言われただけでは、何をどう片づけていいのかがわかりません。リビングやトイレのそうじをするときも、まずは全体を見渡してチェックすることから始めていましたよね。**チェックをしやすくするのにも写真はとても役立ちます。**

私が「そうじ力」を提唱し始めた頃にはなかった、手軽に撮影できるスマートフォンという便利なものが今はありますので、ぜひ1度試しにやってみてください。

まずは、部屋全体が写る位置に立って撮影します。

そして、お子さんと一緒にその画像を見てください。

部屋は、どんな状況でしょうか？

心のレントゲンを見る

「そうじ力」のコンサルタントとして個人の方に教えるときには、その部屋の写真を必ずプリントアウトをしてもらっています。

部屋は住人の心を映し出すものなのですが、本人が肉眼で見ただけだと、フィルターがかかって見えない所が出てくるものです。ところが、撮影してプリントアウトして見た部屋はウソをつきません。また、そうじ前とそうじ後の部屋を見比べることができます。

ある方のコンサルティングで入ったときのことです。表面上は整っている空間に見えたのですが、よく見ると、ベランダに荷物がいっぱい置かれた様子が映り込んでいました。

ベランダや庭は、外と繋がる場所で、他人から見える所にあります。その家の住人を現す場所となります。

昔、事件現場から中継する有名なリポーターが、マンションなどの集合住宅の場合でも、事件の起きた部屋がどこなのか、すぐにわかると話していました。事件の起きた部屋のベランダは汚れている場合が多かったそうです。

用意周到な泥棒は、入る家の下見をすると言われていますが、**洗濯物の様子や、ゴミの**

たまり具合、植木の枯れ具合などを見て、侵入する家を決めるそうです。ベランダが汚れているだけで、不幸を呼び寄せているのです。

この依頼者は写真を撮って客観的に見たことで、ベランダの状況に気がつくことができました。

部屋の写真を撮ることは、心の状態の診察です。

骨が折れていないかな？

変な影が出ていないかな？

と、レントゲンを撮るのと似ています。撮影が終わったら、プリントアウトして机の上に置き、全体を見てください。

どうですか？　あなたのお子さんの心のレントゲンには何が映っていたでしょうか。

心の状態を客観的に見る

私には、すでに社会人になっている娘から中学生の息子まで、3人の子どもがいますが、子どもたちを見ていると、ストレスや疲れを抱えるのは落ち込んでいるときだけではないようです。

例えば、学校で何か大きな役割を担うことになったときや、部活動でレギュラーになったときなど、何かステージが上がることは嬉しいことではあるのですが、それと同時に、やっぱりプレッシャーが生まれてくるのです。

そうなると、途端に部屋も乱れます。自分で部屋を見られるようになると、自分の心の状態を掴めるようになります。

「ああ、僕は今、意外と疲れているんだな」

と、自分の心のセルフチェックができれば、少し気持ちを休ませる行動を取ることができます。心や頭が疲れた状態では、やる気も生まれません。そして、心はやっかいなことに、風邪のようにわかりやすい自覚症状がなかなか現われないので、心の風邪の場合ひいてもこじれるまでわかりません。なんらかの症状が現れたときの心の状態は肺炎のように、直るまでに時間がかかるような状況にまでなってしまいます。

折れない心、丈夫な心を育むためには、まずは、今がどのような状態なのか、セルフチェックすることが大切です。初期段階で心が疲れていることがわかれば、回復も早くなります。

本人が自分の大変さを肯定できると、乗り越え方を考えていくようになります。すると、壁を突破していくために、自分から動き始めることができます。**自分の心の状態を客観的に見られるようになることは、大人へと成長していくときにすごく重要**だと思います。

子ども部屋で「そうじ力」を実践する前の声かけ

セルフチェックが終わったら、早速そうじを始めていきましょう。このときに「やりなさい！」ではなく、具体的で前向きな言葉を使って、なぜそうじをするのかを伝えていきます。

すでに家族の共有スペースであるリビングのそうじや、トイレのそうじでお子さんは、

「**そうじをしたら気持ちが良い場所になる**」

というポジティブな感覚を掴んでいると思いますので、

「この間、そうじを一緒にやったけど、どんな気持ちだった？」

「みんなで家をキレイにしたら、なんか気持ちが良かったよね」

など、心地良い空間が生まれたときのことをお子さんと一緒に振り返ります。

大切なのは、**子どもが自分でそう感じられるように言葉を投げかける**ことです。

「そうじしたら、気持ち良かったでしょ！」

「床に物がありすぎると、汚いでしょ！」

などと、大人の気持ちを押しつけることはマイナスになります。

そうじが嫌い、苦手だという大人の人を見ていると、子どもの頃にそうじについてよく叱られたという方がとても多くいます。

こういう方は「そうじは嫌なもの」「叱られるもの」と、ネガティブなものとして脳にインプットされてしまっているのです。

こうして1度ネガティブな印象が根づいてしまうと、その根を取り除くのは難しくなります。**そうじは嫌なものではなくて、そうじは気持ちが良いもの、清々しくなるものだという、ポジティブなイメージと繋げて欲しい**のです。

「いろいろな物が片づくと、部屋を広く使えそう。広くなるとスッキリして気持ち良いし、友だちが来たときも遊びやすくなるんじゃない？」

などと、必ず最後は子どもが自分の頭で考えるような投げかけをしていきます。こうして部屋が片づいた様子をイメージできるように話していきます。

そうじに向かうモチベーションを上げたところで、スリーステップに取りかかります。他の部屋と同じように、窓があればカーテンと窓を開けて空気の入れ替えをして、ステップ1から始めていきます。

ステップ1

捨てる（捨て力）——いらない物を捨てる

まずは、「捨て力」からです。いる物といらない物の仕分けをお子さんにしてもらいます。ここも、**最初は親御さんも一緒に手伝ってください。しかし、手出し口出しは最低限です。勝手に捨てる物を決めてはいけません。必ず、お子さんに決めさせます。**

我が家の場合、上の娘が5歳から6歳の頃に「そうじ力」を教え始めました。大人になった今でも、そうじは嫌いではありません。さらに、彼女はこの「そうじ力」の実践で育んだ力があります。

定期的に部屋をそうじする習慣を身につけていったのですが、自分が必要なおもちゃといらないおもちゃの仕分けを何度もするうちに、仕分けのスピードが速くなりました。

速くなったということは、いる物か、いらない物かを判断するのにかかっていた時間が短くなったということです。そして、捨てる決断を下すまでの時間も短縮しました。そうです。**判断力と決断力が格段に上がっていった**のです。

私は、彼女がそうじをして部屋がキレイになって、おもちゃ置き場や本棚にゆとりが生まれると、新しいおもちゃや絵本を買ってあげるようにしていたのですが、これが、定期的にそうじをする娘のやる気を育てていたようです。

「**そうじをすると良いことがある**」

と、ポジティブなイメージが定着し、まるで楽しいイベントのような気分でそうじをするようになりました。

ステップ❷

汚れを取る（磨き力）——ホコリや汚れを取る

仕分け作業が終わったら、いる物をいったん部屋の外に出します。そして、上から順番にホコリを取り除く作業に取りかかります。

できれば、前の章で書いたように天井からやっていただきたいところですが、時間がないときは、カーテンレールや、本棚の上など、高い所からで大丈夫です。そして、すでにキレイな場所はそうじしなくても大丈夫です。あまりダラダラとやりすぎると、子どもも飽きてしまうので、汚い所を見極めて取り組むようにします。

ホコリが取れたら「汚れ取り」です。水拭き、から拭きをしていきます。窓ガラスもしっかりと拭いてください。**「そうじ力」の中で、実験要素を持たせると楽しいのがこの汚れ取りです。**

頑固な汚れを取り除くためには少しテクニックが必要なことがあります。その1つが、洗剤を使う方法です。この洗剤には、中性、アルカリ性、酸性といった性質があり、汚れによってプロは使い分けています。

汚れは反対の性質を持つ洗剤を使うと落としやすいです。性質が中和されるため、汚れが取りやすくなるのです。

- **酸性の汚れの代表：手垢《てあか》、油汚れなど ⬇ アルカリ性の洗剤**
- **アルカリ性の汚れの代表：トイレの汚れやカビなど ⬇ 酸性の洗剤**

しかし、酸性やアルカリ性は肌荒れすることもあり、ゴム手袋をする必要があります。これに比べて肌にも優しいと言われているのが中性の洗剤です。ですから、それほど頑固ではない汚れの場合は中性洗剤を使います。

例えば、床のそうじです。お部屋用のそうじ洗剤も出ていますが、切らしてしまうこともありますよね。そうしたときは中性洗剤を使えば大丈夫です。

食器洗い洗剤はだいたい中性洗剤のことが多いので、活用してみてください。使い方は簡単です。雑巾を3枚用意します。床など洗い流せない場所のそうじに使うときは、中性洗剤を水で薄めて使います。

まずはバケツに水を張り、その中に中性洗剤を数滴垂らします。手でかき混ぜてから、雑巾をそこに浸します。浸したあとは、しっかりと絞り、床を拭いていきます。その後、今度は水だけで絞った水拭き雑巾で拭いていきましょう。最後に、から拭きをして終了です。

バケツに洗剤を入れてぐるぐるするのはまるで何かの実験のようです。こうして原液に水を加えると、薄められることも学べます。水遊びのようですし、混ぜ合わせる作業はちょっとした遊び感覚で楽しむことができます。

酸性やアルカリ性については中学校の理科、中和の単元で勉強しますが、子どもの頃に洗剤という身近なもので触れておくと、「ああ、あれがアルカリ性か」と、結びつけて覚

えることができます。

歴史の年号を覚えるなど、暗記が必要な学びの場合、それ単体で覚えるよりも、出来事などと関連づけておくと、記憶に残りやすくなると言われています。

つまり、**中性やアルカリ性といった言葉にお手伝いを通して触れておけば、学校で習ったときにも関連づけがしやすく、覚えやすくなる**のです。

中性洗剤を使うときに気をつけて欲しいのは、壁紙が貼ってある場所や、無塗装の家具などには使わないことです。こうした場所ではシミになる可能性があります。

お子さんとのそうじでもう1つのオススメは**重曹**です。重曹はアルカリ性の物質で、水に溶かしてそうじに使うことができます。アルカリ性のため、酸性汚れの油汚れに力を発揮してくれます。

水で薄めて重曹水にしてスプレーボトルに入れて使うと、皮脂汚れを落とすのにも使えます。子ども部屋だけでなく、キッチンや洗面所など、様々な所で活用できます。また、重曹には消臭効果もあるため、部屋の臭いを取りたいときにも活躍してくれます。

重曹水のつくり方は簡単です。市販の重曹の粉を水に溶かすだけです。つくりやすい分量をお伝えしておきますと、

水500㎖に重曹大さじ1杯

です。小学3年生以上のお子さんの場合は、一緒に計量カップで500㎖の水を計れば、理科の実験でおなじみの計量の練習になります。

あとは、できた重曹水を汚れの目立つ部分に吹きつけて、雑巾で拭き取ります。頑固な汚れを落としたいときは、沸騰重曹を使います。

沸騰重曹は、水ではなくて、沸騰したお湯に重曹を溶かしたものです。重曹と水の割合

は先ほどと同じです。鍋に水を入れて沸かし、沸騰したところに重曹を入れます。溶けたら火を止めて冷まし、スプレーボトルに入れて完成です。

水で溶かした重曹水も、お湯に溶かした重曹水もつくり置きは避けてください。

子ども部屋のそうじでは、ドアノブや窓のサッシなど、皮脂汚れがつきやすい所に使います。天然素材のフローリングや畳には使わないでください。

ステップ3 整理整頓（整え力）――物の置き場を決め、あるべき場所にしまい、空間を整える

一通り汚れを取る作業が終わったら、最後は整理整頓です。部屋の外に出していた物を部屋の中に戻していきます。もしも置き場の決まっていない物があれば、置き場所を決めてください。

このときも、**必ずお子さんと一緒に作業をし、お子さんに置き場所を決めてもらいます。**

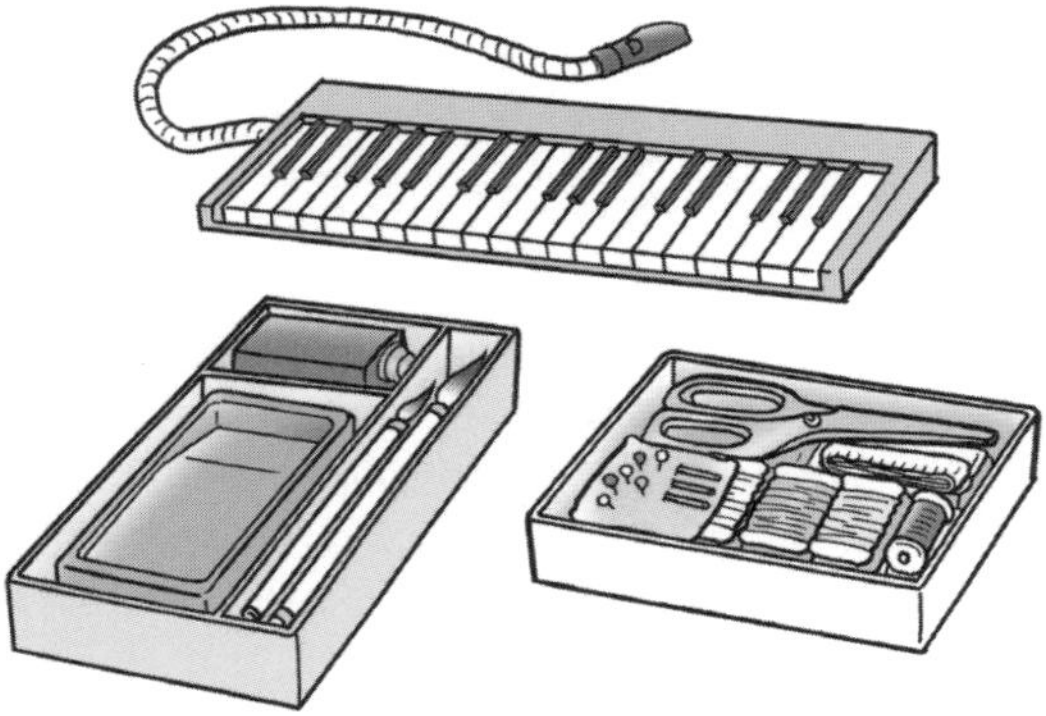

決まらない物については、本当にとっておく必要のある物なのか、再度話し合ってください。

長期のお休みになると、それまで学校に置いていた物を持ち帰ることがあります。しかも、そういう物に限って割と場所を取るものが多いのです。例えば、鍵盤ハーモニカ。細いですが、長さがあるため、本棚に置くのは難しい場合も。こういう一時的に保管する物は、それだけを入れる箱を用意しておくのも1つの手です。

勉強机を購入した家の場合、足下の奥に空間ができていることがあります。このデッドスペースを置き場とする方法もあります。

プリントの仕分けと整理整頓

学校へ上がると、否応なく増えるのがプリント類です。最近は小学校でもデジタル化が進み、昔ほどではないかもしれませんが、全くないということはありません。また、都内を中心とした中学受験塾の中には、テキストではなくプリント方式を使っているところもあります。

プリント学習がメインだったという塾の卒業生の家庭に話を聞くと、塾で配布されたプリントを積み上げると、卒業の頃には自分の身長を超えてしまうといって、写真を見せてくれました。

中学受験のときはこの大量のプリントが「これまで頑張った証《あかし》」となり、「これだけ頑張ったのだからきっと大丈夫!」と、本人を励ましてくれるのだという話も聞きます。

こうして**次々に持ち込まれるプリント類は、放っておくとすぐに部屋が散らかってしまいます。**

初めに、ボックスを2つ用意します。**家にプリントを持ち帰ったら、まずは仕分け作業です。**

持ち帰ったその日に判断します。まずは、ランドセルを開けて、中身を全部取り出します。教科書やノート、参考書は所定の位置に戻しましょう。このとき、戻る場所がなくて残ってしまう物が、仕分けの対象物となります。

プリントならば、親に見せるプリント、自分で保管するプリント、捨てるプリントの3種類に分けていきます。ここで登場するのが、ボックスです。1つは、親に渡す物用のボックス、もう1つを、自分で保管する物用のボックスにします。それぞれわかりやすいように色で分けてもいいですし、ラベルを貼るのでも構いません。

親に見せる物は親に渡す物用のボックスの中に入れていき、自分で保管する物は自分用

のボックスに入れます。

今日は疲れている、忙しいという日はこの仕分けまでで終了にしても大丈夫です。でも、次に伝えるボックスの中身を「整理整頓」する作業は必ず1週間以内にしてください。

プリントの整理整頓にオススメなのが「押し出しファイリング」方式です。ボックスの中に新しいプリントを入れるとき、常に手前に入れるようにしていきます。今日が4月5日だとして、4月5日にもらったプリントを一番手前に入れます。翌日の4月6日にまた新しいプリントをもらったら、それを5日のプリントよりも手前に入れてあげます。

すると、**必ず最新のプリントが一番手前にある状態**がつくれます。

こうしておけば、プリントを探すときに探しやすくなります。また、ある程度このボックスがいっぱいになったら、今度はその中からいる物といらない物を仕分けします。

私の場合は、ここでまだ、保管が必要だなと思った物については、最後に見た日付を付箋に書き、そのファイルの目立つところに貼って、再び手前に入れます。

これは私のやり方ですが、**大切なのは新たなプリントをそのまま放置せずにすぐに整理整頓していく**ことです。こうしてルールを決めて取り組むと散らからずにすみます。

学習プリントも同じで、ルールを決めておくと散らかりにくくなります。こちらについては今は多くの保護者の方々が各自のやり方をネットで公開していますので、「学習プリント」「整理」などで検索しみてください。いろいろなアイデアに出会えます。

知識を育む本棚の活用法

ところで、皆さんのお宅に本棚はありますか？　私は、**「そうじ力」と本さえあれば、子どもは育つのではないかとさえ考えるほど、本を子どもに与えることは大切だと思っています**し、自分もいつも本からたくさんのことを学んでいます。これを常に行なうことで、筋肉質な脳になるのです。

子育てをしていると、どうしても偏差値を気にしなくてはならないことが出てきます。

しかし、**偏差値はあくまでもその試験におけるその子の力を測るものであって、その子の実力や、能力の全てではありません。**そういう意味で考えると、参考書や学習テキストなどと比べ、本から得た知識はすぐにテストに役立つものではないかもしれません。

最近、文学部を目指す学生が少なくなっていると聞きます。なぜなら、文学そのものは社会を動かしている経済活動に役立たないため、教師を目指すのでなければ、もっと就職に役立つような学部を選ぼうという生徒が多いのだそうです。

ですが、文学は人の心の動きを学ぶことができますし、なかには社会の政治闘争を描く作品もあります。自分がその立場になっていなくても、なったときにどのようなことが起こりうるのか、疑似体験することもできます。

また今、ビジネスの世界で哲学が見直されています。現在、アメリカに住んでいる某有名大学の先生に話を聞く機会があったのですが、先生の話によるとアメリカの大手企業では今、哲学者を雇うところが増えているそうです。

企業理念や哲学なくして、成長する企業は生まれないという考えがあるようです。特に、現代は今までなかった技術が加速度的に生まれている時代です。技術の進歩は素晴らしいものですが、進歩は手放しで喜べることだけではなく、そこには倫理が伴います。

大学を出たら学びは終わりではありませんし、何歳になっても人は学ぶことができます。たとえ大学に行かなかったとしても、幅広い知識と学びを得ることができます。これを支えるのが、読書です。

でも、本を買って読めば読むほど、本は増えていってしまいます。これは自分が身につけた知識の量を現すものですから、ずらっと全部並べておきたくなるものですが、私はあまりオススメしていません。なぜなら、本棚はその人の成長を現すところだからです。

私は若いときに、100冊ルールを決めていました。本棚が100冊埋まったら、それ以上の本は処分するようにしていたのです。自宅の本棚は図書館の本棚とは違います。活用できていない本までとっておく必要はありません。ホコリを被っている本があったら、活用できていない証拠ですから、すぐに処分してください。私の経験上、知的コンプレックスがある人ほど、本をため込みます。これは私の見解ではありますが、本棚の新陳代謝が悪い人というのは、知識もアップデートされていないことが多いのです。いくら数だけ並べていても、ホコリがたまっているとしたら部屋の運気を下げるだけです。

本棚はその人の思考の成長を現しているものですから、常にリノベーションしていくことをオススメしています。まずは、キャパシティに合わせた本の量にすることです。私は100冊と決めましたが、これはあくまで私の場合です。皆さんのお宅のどこに本のスペースを取るかを考えて、そのスペースに合わせた冊数を考えてください。

その冊数を超えると、しまう場所がないことになります。すると、本が別の場所に溢れるようになるので、部屋は散らかります。ですから、本棚がいっぱいになるまでは、そのまま順に増やしていってもいいのですが、本棚がいっぱいになってからは、1冊買うごとに1冊処分するようにしていきましょう。

しかし、そのスペースは収入が上がれば広がるはずです。私も若い頃はワンルームに住んでいましたが、収入が増えるとともに家も大きくなりました。それに合わせて本棚も大きくしていったのです。**本は親が子どもに残せる最も大切な財産だと思います。**

もう1つのオススメが、**本を定期的に動かす**ことです。できれば、1ヶ月に一度は本棚の中で位置の移動をしてみてください。難しければ3ヶ月に一度でも構いません。部屋と同じで、本棚もフィルターをかけて見てしまうことがあります。死角もあります。時々こうして動かすことで「あれ、この本、もういらないな」と、すでに知識を消化し終えた本に気がつくことがあるからです。

そして、お子さんの本も同じです。大人が読んでもためになる絵本ももちろんありますが、娯楽のための本の多くは、学年が上がると、もうその子の知的好奇心レベルに合わなくなります。お子さんと一緒に新しい本を選んだら、その本の冊数に合わせてメインの本棚から外す本と入れ替えをしてください。

特に、辞書や図鑑、辞典の類いは気をつけてください。あまり古い物を使っていると、新発見があっても古い情報のまま覚えてしまう可能性があります。例えば、親の世代では、鎌倉幕府の成立は「いいくにつくろう鎌倉幕府」と語呂合わせで覚えた人も多いのでは？「いいくに（1192年）」ですね。ところが、最近の教科書では、それは源頼朝が征夷大将軍になった年で、幕府ができた年となっていません。高いし、まあいいかと、古本屋で買わず、辞書や図鑑、辞典は最新版を買ってください。

子ども専用の本棚はいる？　いらない？

子ども部屋と同じように悩むのが、子ども専用の本棚が必要かということです。実は我が家の子どもたちにはそれぞれの専用の本棚を設けていませんでした。しかし今考えると、やはりそれぞれの子ども用に持たせるべきだったなと思っています。

兄弟姉妹がいる場合、子どもの本棚を1つにまとめて「子ども用本棚」とすることもあると思いますが、学齢期になったら自分専用の本棚をつくってあげるほうがいいのではと思っています。家族みんなで使う共有ライブラリーがあったとしても、その子専用の本棚は別につくってあげて欲しいのです。

そこは**自分の場所になりますから、自分で責任を持って管理してもらうのです。子どもに本の仕分けをしてもらうと、今、その子がどんなことに関心があるのかもわかります。**

すでに大人になっているある方は、子どもの頃に片づけを怠りました。何度も叱られ、それでも片づけなかったある日、家に帰ると自分の部屋で散らかしていた物が全部庭に捨てられていたそうです。

驚いて渋々拾い始めると、「これは日舞を習い始めたときに買ってもらった扇子」「これは誕生日にもらったカバンだ」と、一つひとつの物たちの背景を思い出したそうです。そして、**こんなに大切な物たちを自分は粗末に扱っていたのだと、自分で気がついた**そうです。

そのとき、自分でやったことの責任は自分で取らないといけないんだということを、学んだとおっしゃっていました。**子ども自身が責任を持てる場所として、本棚はとてもわかりやすい**です。

ボク専用の本棚だ！
お兄ちゃん専用
片付けなくちゃ…

宮本さおり〝母として〟の視点

仲間分けで育む数学思考

この章では、「そうじ力」で育む力の1つの「捨て力」が整理整頓と繋がっていることを学びました。この「捨て力」が育むのは整理整頓能力だけではありません。舛田さんのお子さんは、判断力と決断力を養ったということでしたが、実はこの「捨て力」は仲間分けにも通じます。

いる物、いらない物という仕分けをする作業は言い換えれば「いる物の仲間」と「いらない物の仲間」に分けることになります。「いる物の仲間」はさらにどこにしまうのか、しまうべき場所を決めて置いていきます。

子どもがまだ3歳くらいだった頃、児童館へ遊びに行くと、おもちゃがキレイに仕分けられていることに気がつきました。当時の我が家はおもちゃボックスがいくつかありましたが、なんとなく、その中に入れておけばいいかという状況でした。

片づけ方の工夫が学びに繋がる

ところがこの児童館では、小ぶりな籠によっておもちゃが分けられていました。しかも、その籠の中に入れるおもちゃの写真をラミネート加工して、貼りつけてありました。お片づけをするときは、その写真を見ながらしまえばいいため、小さな子どもでもわかりやすかったのです。

さらに、おままごとセットのところでは、野菜などの食べ物と、お鍋やフライパンといった調理道具は別の箱に仕分けられていました。遊び終わった子どもと片づけをするときには自然と「お野菜の仲間はどこかな?」と、仲間を探して入れることになります。

これはまさしく仲間分けです。私は早速、自宅のおもちゃもそのようにしてみました。私の場合はこのほうが、片づけが早くできるからという理由だったのですが、先日、算数教育の専門家の方に話を聞いたところ、

「子どもにとってはこれがまさに学びなんですよ」

と、教えてくださいました。この仲間分けは小学1年生の算数で学習する「なかまあつめ」の単元に活かされます。そしてこの単元はその後、数学の「集合」に繋がるのです。

例えば、「ねこ」「いぬ」を動物の仲間、「朝顔」と「ひまわり」は花の仲間、「ポスト」と「消防車」は赤色の仲間というように、指定された条件に合わせて分ける学びですが、これは後々マーケティングでもよく使われる「ＭＥＣＥ」（ミーシー）の基本になるのです。

「ＭＥＣＥ」は「一つひとつはダブりなく、しかし全体としては漏れなく」という意味の英語の頭文字を取ってできた言葉です。マーケティングでどの顧客層をターゲットにするかを考える際などに使われます。まさか、幼児期のお片づけがそんな高尚なものに繋がるとは、目から鱗の話でした。

第4章

「そうじ力」は素晴らしい〝チャンス〟をもたらす

なぜ、「そうじ力」は〝チャンス〟をもたらすのか

私のお伝えしている舛田メソッド「そうじ力」も、そうじを通して自分を磨く、思考を磨く、心を磨くことを大事にしています。例えば僧侶が尊い悟りを得ることができたのは、そうじによって心身が研ぎ澄まされたからだと推察します。

悟りとは心の目が開くことであり、視野が広がること、つまり認識力が拡大するということですが、昔の人はそうじを通して、こうした力が養われることをよく知っていたのだと思います。

では、認識力が拡大するとは、どういうことでしょうか。

マンションの１階に住んでいた人が10階に引っ越したとしたら、窓から見える景色が全然違いますよね。景観が広がります。第２章（１０４Ｐ）で、ひきこもりの子どもが窓をダンボールで塞いでいるという話をお伝えしましたが、それはまさに、地下にいるような感覚と同じですよね。

子どもの認識力、見える景色が拡大すると、人間関係の改善はもちろん、学力の向上、目標の達成、長所が伸びるなど、良いことがたくさん増えます。

さらに**未来を見通せる力、先見性を身につけることができるのです。**

大人は、もちろん、子どもにもぜひ身につけてもらいたい能力だと思います。

なぜ、「そうじ力」でこのようなことを身につけることができるのでしょうか。

世の中の事象には全て、原因・結果の法則が働いています。種を蒔き、水をやり、果実が実って、報いがあります。美味しい果実か、苦い果実かは、種と、育つ環境によって決まりますよね。

全ては、心の中の思いが、言動や行動となって、現象化するのです。

そうじは、この原因・結果を心に落とし込むことができる最適なツールです。

物を出したらしまう、ホコリを取り除く、食べたあとはお皿を洗う、片づける、テーブルを拭く、ゴミが落ちていたら拾って捨てる、この毎日のそうじをおろそかにせず、部屋を整え、心を整えていくことで、精神が研ぎ澄まされていくのです。

なぜなら、部屋には、そこに住む人の心がそのまま現れるからです。そして潜在意識さえも現れているのです。「そうじ力」は、日々環境を整えていくことで、奥に眠っている自分の心を発見することができるメソッドなのです。

原因・結果の法則の通り、未来で起こることは、必ず現在に繋がっています。その原因となる種を見つけ出せれば、どんな果実を実らせるのかを知ることができる、つまり、未来を予測することができます。ですから「そうじ力」を実践し続ければ、自ずと、未来を予測する力、先見性を身につけることができるのです。

もし望まない未来が予測されるのであれば、取り除けばいいし、良い種を蒔けばいい。

この小さな繰り返しが、人生を好転させ、「運（チャンス）」を掴み続けることへと繋がるのです。

運が良い人は、偶然、運を得たわけではなく、未来を予測し、良き種を蒔き続けているのです。偶然運を手に入れたように見えるだけということがご理解いただけたでしょうか。

ですから、**「そうじ力」をよく理解し実践することができれば、あなたのお子さんは、たとえ挫折があったとしても、這い上がり、チャンスを掴み続ける人生を歩むことができるようになるのです**。

ゴミを捨てる、汚れを取り除く、整えるということは一見、運やチャンスとは関係ないことのように見えるかもしれませんが、それを繰り返すことによって、チャンスを掴み続ける力や這い上がる力が得られるのです。

部屋を整えるためには、現状を把握し、問題点を洗い出し、改善すべきところを改善するだけなのです。その具体的な改善策として、「そうじ力」のスリーステップがあるのです。

拭きそうじをしなければホコリがたまります。これも原因と結果です。本を戻すべきところに戻さないから床に本が散らばる。これも原因と結果です。こうして現状を把握し、原因と結果の関係がわかれば、どう手を施すかがわかるのです。

ホコリがたまったから拭きそうじをする。本が床に散乱しているから、本棚に戻す。

ここまでが、現状の改善です。そしてここからが先見性が試されます。この整えた状態を維持するためにはどうしたらいいか。未来を予測するのです。

ホコリをためないためには、こまめに拭きそうじをする。本を床に散らかさないためには、読んだら必ず元の位置に戻す。

未来をより良くするために、今なすべき行動をとる、これが大切だということがわかるはずです。

私が「そうじ力」をオススメしているのは、日本の古き良き心を持とうというような話ではなくて、「そうじ力」は、世の中をより良い世界にするための力を備える実践だと思っているからです。

会社の経営とそうじは一見なんの繋がりもないように見えますが、「そうじ力」の実践は、ただのそうじではありません。ただのそうじで全て上手くいくのなら、清掃会社はどこも繁栄していくはずです。私の唱える「そうじ力」は、**そうじという実践を通して心と頭に磨きをかける**こと、つまり、自己研鑽の手段として、そうじを行なっていくのです。

そして、この**「そうじ力」の実践は、大人から子どもまで、幅広い年齢の人が取り組むことができます**。子どものうちに「そうじ力」を実践すれば、先ほどもご紹介したような先見性も磨くことができるのです。そして、物事には必ず原因と結果があること。自分が蒔いた種は必ず自分が刈り取らなくてはいけないという責任感も養うことができます。

これは、社会に出るときに必ず必要になる力ですし、社会で活躍する人とは、これができている人たちです。

大谷翔平選手のマンダラチャートから学ぶ

大リーグで活躍している大谷翔平選手が高校時代に書いたマンダラチャートが注目されています。**マンダラチャートは将来の目標を立て、目標を達成するためにどんなことをしたらいいかを具体的に考えて埋めていくもの**です。

当時の大谷選手の目標は「ドラフト1位8球団から指名されること」でした。

目標を達成するために必要なこととして、書かれていたのが「運」という字です。そして、この「運」を上げるための具体的な行動として、「部屋のそうじ」「ゴミ拾い」「本を読む」「道具を大切に使う」「プラス思考」などが書かれていました。

大谷選手は書いたことを実践し「運」も味方につけ、「チャンス」を引き寄せたのでしょう。そうじは些細なことに思えるかもしれませんが、活躍する人、成功する人の多くが取り入れているのです。

親子でマンダラチャートにチャレンジ！

〈3×3のマンダラチャートのつくり方〉

具体的な行動	具体的な行動	具体的な行動
具体的な行動	テーマ（目標など）	具体的な行動
具体的な行動	具体的な行動	具体的な行動

① 中心にテーマ（解決したい問題・目標など）を記入

② 回りの8マスにテーマに対する解決策、行動計画などを記入

〈記入例〉

- テーマ（まん中のマス）
  ➡キレイな子ども部屋
- 具体的行動（回りの8マス）
  ➡換気、プリント管理①自分用、プリント管理②親用、ランドセルを定位置にしまう（住所に戻す）など

- 家族それぞれがマンダラチャートを作成してみましょう
- 使用するマンダラチャートは3×3
- 家族が各自目標（メインテーマ）を決め、回りの8マスに目標（メインテーマ）に対する具体的な行動計画を記入

※親子で話し合い、お互いアドバイス（意見交換）をしながら作成してください

※完成したら家族が集まるリビングなど家族みんなが情報共有できる場所に掲示してください

大事なポイント

具体的な行動の何か1つでもできたら、お子さんを褒めてあげてください。次のやる気に繋がり、目標達成への大切な1歩になります。できたことの数を増やしていきましょう。

〈詳しくは、下記マンダラチャート（公式）をご覧ください〉

マンダラチャートとは1979年、松村寧雄（まつむら やすお）氏によって“人生とビジネスを豊かにする”ために開発された手法です。「マンダラチャート」は一般社団法人マンダラチャート協会の登録商標です。https://mandalachart.jp/

悟りを開いた周利槃特（シュリ・ハンドク）

そうじをきっかけに偉業を成した歴史上の人物がいます。その1人が周利槃特（シュリ・ハンドク）という人です。1万社以上を経営復活に導いた伝説の経営コンサルタント一倉定先生は、晩年の講演でこの周利槃特の話をしていました。

お釈迦様に弟子入りしていた周利槃特という人は、とても頭が悪くて、物もなかなか覚えられないような人でした。何をさせても全然できない。

1つの単語を教えて、2つ目の単語を教える間に、1つ目の単語を忘れてしまうほど愚鈍な人でした。兄弟子から何かを頼まれても上手くできません。

そんな周利槃特に、お釈迦様がお与えになったのが、ある言葉を唱えて、ひたすらに修行僧たちのはきものの汚れを取るということでした。その言葉が、

「塵《ちり》を払わん、垢を除かん」

というものです。

周利槃特はただひたすらにこの言葉を唱えながら、そうじをする日々を送っていきます。するとある日、２つの言葉を覚えられるようになりました。周利槃特は、この２つの言葉の意味を考えながら、はきものの汚れを取るように努めます。そうしているうちに、突如として視界が広がり、３つの言葉が心に浮かんだのです。この３つの言葉を日本語にするとこういう意味になります。

この塵は土埃にあらず、実は「欲望」を塵というのだ。この欲望を除去するのは賢者であり、怠惰な者ではない。
この塵は土埃にあらず、実は「怒り」を塵というのだ。この怒りを除去するのは賢者であり、怠惰な者ではない。

この塵は土埃にあらず。実は「迷妄」を塵というのだ。この迷妄を除去するのは賢者であり、怠惰な者ではない。

その後、周利槃特は修行に励み、仏教の悟り「阿羅漢」を得たと伝えられています。この悟りは修行僧たちのはきものの汚れを取るという、小さな営みを繰り返し実践し続けたことにより心の目が開かれ達した悟りだったのです。

阿羅漢の代表的な力の1つに「読心力」があります。これはこの字の通り、相手の心を読み取る能力のことです。相手が何を考えているか、何に悩んでいるか、何を欲しているかがわかるようになるということです。日本語には、「察する」という言葉がありますが、相手の心を読み取ること、察することは、相手を思う心、思いやりでもあります。

こうして相手の立場になって気持ちを察することができる人間になることは、人とコミュニケーションをとる上でもとても大事になります。人間関係を円滑に進めることができるようになります。人間関係を円滑に進める力はビジネスをする上でも最強の武器になります。

万国共通、価値を生み出す「そうじ力」

先ほどご紹介した一倉定先生は、経営者専門のコンサルタントとして活躍された人物です。一倉先生の説いた環境整備を私はとてもリスペクトしています。

この一倉先生がある会社の事例をご著書で書かれていました。ある鋳造工場の社長から、大変感謝されたという話でした。一倉先生の教えを守って会社で環境整備に努めたところ、大きな契約がものの数分で決まったというのです。

鋳造工場はつねに砂をかき混ぜる作業をしているため、粉塵も半端ではありません。しかしこの社長はそんな状況の工場で、一倉先生の教える環境整備を実践していたのです。

ある日、この会社にアメリカの会社から契約の話があり、先方の社長がわざわざ鋳造工場の社長のところを訪ねてきたそうです。鋳造工場の社長はせっかくだからと、自社工場を案内しました。

一通り案内を終えて社長室に戻ると、アメリカの会社の社長は開口一番「あなたの会社と契約することに決めた」と言ったのです。その**アメリカの会社の社長は「あなたの会社のことは何の説明も聞く必要はない。立派な工場が全てを物語っている」と、大変褒めてくださった**そうです。

私も「そうじ力」を使った環境整備のコンサルタントとして、数多くの会社を見てきましたが、**環境整備をしたら、大型の融資が決まったという話や、取引が決まったというケースがとても多くありました。**

大型の融資や契約をなぜ取りつけることができたのか。それは、その会社、そこで働く人たちが信用されたからに他なりません。今はグローバル化が加速度的に進んでいる時代ですが、**気持ちの良い空間、環境を整えておくことは、万国共通で信用を勝ち取る力になる**ことを、これらの事例は証明してくれていると思います。

ロッカーを整理整頓しただけで成績がUP

今、注目の教育者がいます。2014年当時、史上最年少、36歳で公立高校の民間人校長として就任すると、何のへんてつもない地域で4番手だった普通の高校を、海外大学合格者の出る学校へと変化させ、また経営が傾いていた私立学校をV字回復させるなど、「結果を出す男」となった日野田直彦先生です。

この本を執筆している2023年12月時点、日野田先生は武蔵野大学付属千代田高等学院と武蔵野大学中学校・高等学校の中高学園長、千代田国際中学校校長という重責を担われています。そんな日野田先生が書かれた『東大よりも世界に近い学校』（TAC出版）という本の中で、面白いことが書いてありました。

この本は海外留学を目指したいという生徒や、成績をアップさせたい生徒が何をすればいいのかをわかりやすく伝えている本です。その本の中で大事なことはいろいろとわかったけれど、「何から始めたらいいかわからない」という質問をよく受けるという話がありました。

そんな生徒に対して日野田先生は、**日々の生活をおろそかにしないことから始める**ように勧めると書いています。あるとき、先生はいわゆる「しんどい学校」の手伝いをしたことがありました。家庭環境が荒れている生徒もいて、挨拶をすること、朝ご飯を食べる、時間通りに学校に来る、靴やロッカーをキレイに使うといった基本的なことができていない子がよくいたそうです。

この日野田先生は、**生徒のロッカーを見ると、その子の成績がだいたいわかる**と言うのです。成績の悪い生徒のロッカーはたいていひどい状態。ところが、ロッカーの検査をしただけで、成績がアップし、大学進学するまでになった生徒がいたそうです。

最初に先生がこの生徒のロッカーを見たときには、カビの生えたサンドイッチが出てきました。そこで先生は、毎日2回、ロッカーをチェックすることを始めました。

当初、この生徒はロッカーを見せなさいと先生に言われても「それは勘弁してください」と抵抗していたそうなのですが、日野田先生が毎日懲りずにロッカーチェックをするので、最終的に「先生、ロッカー、今日は大丈夫っす」と見せてくれるようになったそうです。そして、**ロッカーがキレイになると、成績も自然に上がった**のです。

先生がしたことは、本当にただ**毎日彼のロッカーを見ただけ**でした。基本的な生活を整えることが、これだけ大きな影響を与えるのだと教えてくれるエピソードです。

そうじをしたら生徒の集中力が上がったという話は別のところでも聞きます。神奈川県葉山で多くの生徒を集めている人気の公文式教室があります。この教室で教えているのが、井上香織先生です。あるとき、井上先生の力を見込んで、近くにある直営教室の指導者をやってくれないかという打診がきました。

そこはこれまで、様々な事情で指導者が入れ替わってきた教室で、前任者が体調不良のためなんとか手を貸して欲しいということでした。話を受けて、まずその教室を訪れてみたのですが、**教室に入った瞬間、なんだかソワソワと落ち着かない気持ちになった**そうです。教室の説明を一通り聞いて、スタッフの人たちも紹介してもらいましたが、なんとなく、人間関係にも違和感を覚えたそうです。

井上先生はまず、トイレを見てみることにしました。トイレはリフォームされてはいるものの、便座シートに清潔感がなくあまり良い空間ではありませんでした。室内に戻り、子どもたちが使う机を見ると、表面が鉛筆のあとや手垢で黒くくすんでいて、せっかく張り替えた白い壁紙の目立つ場所には電源コードが不自然にぶら下がっていました。こちらもなんとなく雑然としています。

ソワソワと心がしてしまう原因は、この空間にあるのでは？

教室の責任者を引き受けた井上先生は、早速そうじを始めました。

まずはトイレそうじ。便座シートを外し、便座も床も銀色のペーパーホルダーも自分で磨きあげていきました。そして、乱れていた掲示物もきちんと貼り直し、子どもたちが使う机を毎日ピカピカに拭くようにしました。

するとどうでしょうか。まず、子どもたちに接しているスタッフの表情が明るくなり、お互いに前向きな声をかけるようになりました。そうじも進んでやってくれます。そして、生徒たちの顔つきにも安心感が生まれ、しっかり学習に取り組むようになっていきました。

「環境が整えられたことにより、集中力も上がったんだと思います」

と、井上先生は話してくれました。

集中力が高まったからでしょうか。特別に教えなくても、自ら考えて得た小さな成功を喜びながら、生徒たちの学習進度は、どんどん学年を越えていったそうです。

井上先生の教室には心地の良い空気が今日も流れていることと思います。

荒れている学校の特徴

教育実践家として活躍する藤原和博先生は、『学校がウソくさい―新時代の教育改造ルール』（朝日新聞出版）という本の中で、まともな運営が行なわれている学校かを見分けるポイントを教えてくれています。

1つ目は玄関です。学校の入り口は下駄箱がずらっと並んでいるところがほとんどですが、この**下駄箱を見る**のです。踵を踏んでいる靴がどの程度あるか、若干の乱れはあっても、整然とそろっている学校ならば、問題はないだろうということです。

2つ目はトイレです。**古いトイレでもキレイに使われていれば大丈夫**。荒れた学校では、生徒に蹴りを入れられて、壁に穴が空いていることがあっても、これが新聞紙や段ボール、ベニヤ板などで補修されていれば問題ないとしています。

3つ目が廊下に貼られた掲示物です。先ほどの公文式教室の井上先生も気にされていたポイントですが、藤原先生もまた掲示物を見るのです。「細かいことだが、こうしたところに学校がきちんと管理運営されているかどうかが、如実に現れる」と書かれています。

トップの乱れは全体の乱れに繋がる

藤原先生の視点にさらにもう1つ、私が加えるとすれば、校長室です。なかなか保護者の方が訪れる機会は少ないとは思うのですが、**校長室が汚い学校は荒れていることが多い**です。これは企業の場合も同じです。**人をマネジメントする立場の人が環境整備を怠る組織は経営も上手くいかないことが多い**のです。

子育てと同じで、上が口で言うだけで、自分で動かずに命令ばかりする組織は上手くいきません。**社長など、上に立つ者が率先して環境整備に励むところほど、発展していきます。**

それを如実に表す出来事がありました。

あるとき、とある公立高校からの講演依頼を受けました。ＰＴＡの皆さん向けに話をして欲しいということでした。当日、学校を訪れると、まず通されたのが校長室でした。この校長室がかなり雑然としていたのです。そして、その部屋の主である校長先生が現れると、私にこんなことを言いました。

「うちの生徒は本当にどうしようもない」

校長先生の口から出てきたのは、なんと自分の学校の生徒の悪口でした。そして、次に出たのがこの発言です。

「ちょっと職員室を見てやってください。汚いでしょ〜。舛田先生の力でどうにかできますか？」

口を開けば悪口です。私が尊敬する一倉先生がもしこの学校を訪れたのなら、恐らくこの校長を怒鳴っていたと思います。

経営者から絶大な信頼を得ていた一倉先生ですが、「鬼倉」の異名を持ち、社員の悪口を言う社長を、

「自分の会社の社員の悪口を言うなんて、おまえは最低な社長だ」

と叱りつけ、呼ばれてもすぐに帰ったという逸話が残っています。

一緒に働く先生たちの悪口を言うのは社員の悪口を言う社長と同じです。

試しに、この校長に、

「ぜひ校長先生の引き出しの中を見てみたいですね」

と伝えてみると、引き出しを開けて見せてくれました。なんとなく物が入っているものの、雑然としています。そして、隅にはホコリがたまっていました。これは見栄えよくするために、とりあえず引き出しにしまっているだけだということがよく見える引き出しでした。

講演場所である体育館に向かう途中、校内を歩きましたが、やはり校内もなんとなく雑然としています。生徒さんの様子を見ると、こちらも乱れている様子がうかがえました。

そして、始まった講演会。私は一倉先生よりも少し嫌味な人間なので、講演でこの校長に苦言を呈することにしました。**会社が赤字になるときは、社長がおかしいこと、社長室や社長宅が汚いことが多いことを話しました。**

当初は、

「舛田先生の講演、楽しみです。お手並み拝見ですね」

と軽口を叩いていた校長ですが、私の講演が不服だったのか、公演後の挨拶には校長先生は姿を現さず、教頭先生だけがいらっしゃいました。教頭先生は、

「私の責任です！」

と、私に深々と頭を下げて見送ってくれました。

一方で、宮本さんの取材した学校に毎朝必ず箒《ほうき》とちりとりを手に、校門から最寄り駅までの通学路沿いをそうじして歩く校長先生がいたそうです。いつも朗らかなこの校長先生は地元の名物になっていました。生徒たちも「先生おはようございます」と、気軽に声をかけていくそうです。

生徒が気持ち良く登校できるように、その校長先生は毎朝道をそうじしながら見守りを

続けているのです。この学校はいつ訪問しても生徒が気持ち良く挨拶をしてくれて、また訪れたいなと思う空間になっているということでした。

皆さんはどちらの学校にお子さんを任せたいと思いますか？

私なら、やはり後者の校長先生の学校に子どもをお任せしたいと思います。

ワンポイント！

『一倉定先生の環境整備』

環境整備を実践した鋳造工場の社長。そしてアメリカの会社の社長はその工場を見ただけで信頼して大きな契約を数分で決めてくれました。すごいお話です。人が人を信頼するとき、その人のどんなところを見ているのでしょうか。親子で話してみてくださいね。悪口ばかり言っていた校長先生は信頼できませんよね。

宮本さおり〝母として〟の視点

やる気がなくなり、イライラが募るときの対処法

自分のやる気が出ないのはもちろんのこと、子どもたちもなんだかやる気がどこかに出張したままなんじゃない？　という状態のことがあります。このやる気って、いったいなんなのでしょうか。

日本におけるキャリア研究、モチベーション研究の第一人者と言われる金井壽宏教授は、『1日1分 やる気練習帳』の中でやる気の土台を支えるものに、「基礎力」というものがあるとおっしゃっていました。

この「基礎力」とは、個人の能力や力のことではなくて、例えば、家で家族とケンカしたとか、子どもが病気で心配だといったように、その人の暮らしでの出来事、状況を指すそうです。

生活の基盤を整える

働くことについてのやる気をアップさせたい、持続させたいというときに、日常生活の中での不安要素、ストレス要素があるときは、やる気を出しにくいということで、生活の基盤を整えることがやる気の土台を支える「基礎力」なのだそうです。

私も何度もこのやる気がご無沙汰という状態を経験しています。特に子どもが小さい頃は、やる気を継続させるのが難しいことがありました。

仕事を頑張りたいと思っているときに限って、子どもが熱を出したり、ケガをしたりするのです。調子が悪くなれば病院につれていかないといけませんから、必然的に仕事からいったん離れなくてはいけません。

せっかく集中して原稿を書き始めていたのに……

そんな思いの連続でした。

健康第一、夫や子どもが健康でいてくれればこそ、仕事にも力を注ぐことができます。健康以外の要因でも、集中力が途切れることがあります。

それがケンカです。こちらも忙しすぎるといつもならばイライラしないようなことでいらだってしまい、がさつな言葉をかけてしまうのです。

アンガーマネジメント

自分の怒りと上手につき合う力を身につけるアンガーマネジメントというものがあります。アメリカなどでは暴力的な犯罪を犯してしまった人に、このアンガーマネジメントの研修を受けるように裁判所命令がくだることがあります。

以前、このアンガーマネジメントの先生に取材を得る機会がありました。先生は怒る前の段階までに、いかに気持ちを整えるかが怒りの爆発を抑えるのには大切なのだと教えてくれました。

心には一次感情と二次感情があります。一次感情は私たちが生活の中で感じるマイナスの感情（陰性感情）です。心配や淋しさ、悲しみ、つらさなどがその代表的な感情ですが、こうした陰性感情が心のコップに満タンになってしまうと人は怒りやすくなるそうです。

睡眠不足も心に大きく関係しますし、睡眠不足の子どもは切れやすい傾向になるという調査結果も出ています。ですから、睡眠も大事です。他にも、仕事ですごく忙しいときにはそれも強いストレスになりますから、マイナスの感情を引き起こします。

家族の一次感情のコップがみんな満タンになってしまったら、怒りの洪水が発生して、怒りのエネルギーが家中に蔓延することになってしまいそうです。舛田さんの言葉を借りるのならば、家全体が恐らくマイナスの磁場に傾くのだと思います。

一次感情のコップがいっぱいになりそうだなと思ったら、いったんその場を離れることもオススメの対処法だとアンガーマネジメントの先生は教えてくれました。

子どもが言うことをきかず困ったときなど、どうにもイライラするなと思ったら、

「お母さん、ちょっと気持ちを落ち着けてくるからね」

と言って、トイレや洗面所など、1人になれる空間を見つけて深呼吸をすると、イライラが和らぐそうです。

例えば、子どもの夏休み中などは、いつもよりも長い時間、子どもと一緒にいることになります。いつも以上に誰かに合わせて行動することは、大変なときもあります。

子どもは育てば育つほどスキンシップが減っていきますが、余裕がないときは、なかなか優しい気持ちにはなれません。

子どもとすごす豊かな時間は、大事にしたいと思いつつ、しんどいときもあるのです。

そんなときこそ、ものは試しに、窓を全部開け放って、頭を空っぽにして、そうじをしてみてください。

また、このそうじは家族の誰でもできます。家をそうじすることは、お母さんじゃなくてもできることです。お母さんが疲れてしまっているときなどは、家族に協力をお願いしていつもより家事の分担をして助けてもらうようにしましょう。

そうじで部屋の空間が整えば、脳もリラックスしますから、お互いに穏やかな気持ちを保てます。自分と家族の心の安定はやる気の土台、基礎力をつくる基にもなります。

第5章

「三日坊主プログラム」で
集中力が一気に高まる！

3日集中すればあとが楽

これまで私は数々の企業や家庭を「そうじ力」で立て直すお手伝いをしてきました。そして、50冊以上の本を出してきました。この50冊以上ある本の中で、今でも毎年増刷され、累計100万部を超えたものがあります。それが『**3日で運がよくなる「そうじ力」**』（三笠書房）です。

初版からすでに15年以上がたちますが、変わらず皆さんに役立てていただいています。しかし、当時と比べて家庭状況は変化しています。2000年頃から半数を超えた共働き世帯は右肩上がりで増加し、近年ではついに共働き世帯が約7割になりました。

専業主婦家庭は減っているのが現状です。夫婦揃って忙しい毎日を送る中、そうじどころではないという家庭も多くあると思います。しかも、子育て世帯は家事に加えて育児もあります。私も3人の子どもを育ててきたので、忙しさはよくわかります。

本書では、**お子さんと一緒に楽しみながら「そうじ力」を育む**ことに焦点をあてているため、無理なくできる3箇所に絞ってお話しをしてきましたが、もし、余力があるならば、ぜひ取り組んでいただきたいのが3日間集中的に「そうじ力」を実践する「三日坊主プログラム」です。

「3日間なんて無理！」

そうですよね。そう思いますよね。

「無理だ！」と語気を荒げる皆さんの声が聞こえてきそうです。

ですが、**3日間集中して家を整えることによって、その後のメンテナンス、日々のそうじが格段に楽になる**のです。

もちろん、昼の間ずっとそうじをしてください、と言っているのではありませんから安心してください。

整えるべき所を整えるのに必要な時間が、だいたい3日くらいだと思っていただければ大丈夫です。お住まいになっているお家の広さにもよりますから、3日もかからないという家庭もあるかもしれません。

3日は悟りを開く期間

皆さんは、「三日坊主」という言葉の本来の意味をご存知でしょうか？　一般的にはすぐに飽きてしまう人、習慣化することができない人を表す言葉として使われています。この「三日坊主」は、出家して仏門を目指そうとお寺に入ったものの、修行が厳しく、音を上げて逃げ出すのがだいたい3日くらいだったことから、「3日も持たない坊主」という意味で「三日坊主」という言葉になったという説に基づくものです。

ですが「三日坊主」にはもう1つ、全く違う解釈があります。

こちらも仏教にまつわる由来なのですが、**仏教用語の「三日坊主」は、「集中の原理」**として説かれています。「集中の原理」は1日目に教学を諳《そら》んじ（暗記して）、2日目で教学を体得し、3日目に教学を実践することで、3日集中して悟りを得るという意味なのです。

舛田メソッド「そうじ力」では、後者の意味で「三日坊主」を捉えて**「三日坊主プログラム」**という名前をつけています。**「私は三日坊主ですぐにやらなくなるから……」というマイナスなイメージではなく、「3日集中してやったらできるようになる！」**と、前向きな気持ちで取り組んでください。

例えば土日休みの週休2日の人の場合、金曜日の夕食は外食などで簡単にすませ、金曜日の夜から日曜日までを「三日坊主プログラム」にあてるやり方もあります。どうしても、2日間しかできないということであれば、2日間でも大丈夫です。**できなかった所は翌週**

にすればOKとするなど、柔軟に考えてください。

家族全員で集中して「そうじ力」を実践することで、日々の暮らしがグッと変わります。

家族みんなで「三日坊主プログラム」

まずは、3日間の計画を立てます。**計画は家族みんなで話し合います。**誰か1人が決めてやると、他の家族はやらされている感が生まれてしまうため、**当事者意識を持ってもらうためにも家族で一緒に決めることが肝心**です。

計画をノートやメモに書きます。これまで、「捨て力」「磨き力」「整え力」の3つを紹介しましたが、この「三日坊主プログラム」では、3日間を1タームとし、1タームごとに3つのうちから1つを選び、これをテーマに実践します。

次に、テーマに沿って具体的な計画を立てます。

もしも、初日に設定したことが1日で終わらなかった場合は、2日目のミッションを外し、1日目のミッションを継続します。この場合は3日目に2日目にできなかったミッションを入れてやってもいいですし、翌週に持ち越し、3日目は当初の計画に沿ってやっても大丈夫です。

三日坊主プログラム

日程　月　日　時　スタート

テーマ　捨て力

1日目

【ミッション】
クローゼットのいらない服を 捨てる

2日目

【ミッション】
キッチンと冷蔵庫の不要品を 捨てる

3日目

【ミッション】
リビングのいらない本を 捨てる

このように、柔軟に考えることが続けられるポイントです。**できることをやりきる。これが肝心**です。そして、たとえ1日しかできなかったとしても、落ち込むことはありません。**「1日でも家族で集中してできた！」とポジティブに考えるようにしてください。**

こう考えてみると、日本は良い文化があるなと思います。それは、お盆とお正月です。お盆とお正月を迎える前に、大そうじをしますよね。こうして年に2回、普段は手が回らない所も含めて集中してそうじをしますよね。ですから、大そうじの時期を「三日坊主プログラム」の日にあてるのもいいと思います。こうして1度、全体がスッキリとなれば、普段のそうじも楽になります。

ここからは、前半に説明していない家のそうじについて、少し解説していきます。「三日坊主プログラム」を実行するときの参考にしてください。

幸運を呼び込む「玄関」にする

玄関はその家の人々の帰宅を迎え入れるだけでなく、外から人が訪れる場所でもあり、いわば家の顔です。そして、玄関は全ての出入り口となっています。単に人間が出入りす

玄関の内側　　玄関の外側

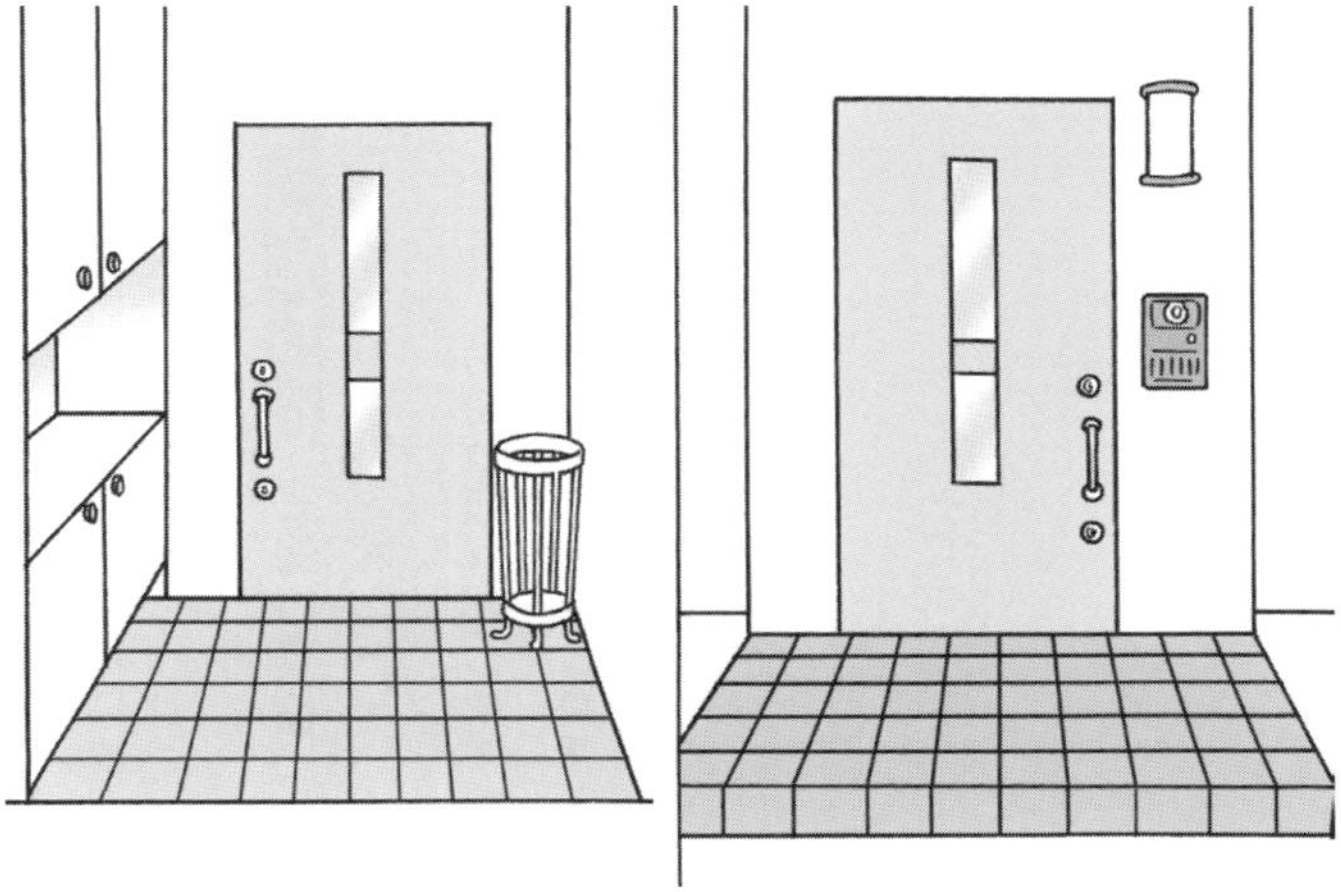

るだけでなく、**家に集まるエネルギーの全ての出入り口となっている**のです。

先ほど、荒れている学校の見分け方でも玄関を見るという話がありましたが、靴箱から靴が溢れて玄関が靴でいっぱいになっていたり、泥やホコリで汚れていると、マイナスの磁場に傾くため、悪いものを呼び込んでしまいます。

マイナスのエネルギーが充満した所を通ると、マイナスのエネルギーの影響を受けてしまいます。疲れて帰ってきたときにはさらに疲れが増してしまいます。マイナスにマイナスを足してもプラスにはならないのです。

玄関を整えると、家に着いただけでホッとして、疲れが和らぐようになります。玄関をプラスの磁場にしておけば、身にまとってしまったマイナスを軽減できます。

おそうじチェック　玄関の点検

- □ 玄関の床は見えていますか？
- □ 下駄箱の中の靴は取り出しやすくなっていますか？
- □ 砂や泥がたまっていませんか？
- □ 傘立てが満員電車状態になっていませんか？
- □ 玄関の外は家の顔らしく整った状態になっていますか？

神社に必ずある鳥居ですが、神社の中に不浄なものが入らないようにする結界としての役割があるといわれています。この鳥居と同じく、**家を守ってくれるのが玄関**です。マイナスのエネルギーが入らないように玄関は常に整えておきましょう。

【玄関の「そうじ力」のスリーステップ】

ステップ❶「捨て力」

いらないビニール傘や、1年以上履いていない靴が放置されていませんか？　これらはきちんと処分しましょう。玄関の外に枯れた花の植わったプランターなどがあれば、これも処分してください。

ステップ❷「磨き力」

家の顔である玄関ですが、さらにいつも外に向かってくれているのが玄関の扉です。玄関扉は泥やホコリがつきやすいので、キレイな雑巾でこまめに拭いてください。

ステップ❸「整え力」

靴が散乱していませんか？　靴箱の中で家族それぞれの置き場を決めて、あるべき場所に戻してください。

素の自分と出会う「洗面所」

家の中には風呂場、トイレ、洗面所、キッチンと、水を使うところがいくつかあります。トイレそうじでもお伝えしましたが、水回りのそうじは心を穏やかにしたいときにとても効果を発揮してくれる場所です。ここから本書前半で取り上げていない洗面所とキッチンを見ていきます。

毎朝、素の自分の顔と対面する場所である洗面所。そして、1日を終えてお風呂に入ったあとも洗面所を使います。顔を洗ったり、歯を磨いたり、手を洗ったりと、清潔さを保つためにも洗面所をよく使います。

☑おそうじチェック　洗面所の点検

- □ 鏡はピカピカに輝いていますか？

- □ 洗面台に抜け毛が落ちていませんか？

- □ 水垢がたまっていませんか？

- □ 排水溝は詰まっていませんか？

- □ 床は汚れていませんか？

この洗面所が汚れていると、素の自分に自信が持てなくなっていきます。洗面所は化粧をしたり、髪をセットしたりと身だしなみを整える場所でもありますが、**洗面所が汚れていると、自分に自信が持てなくなるため、無駄に飾ろうとしてしまいます。**

必要以上に化粧品をあれこれと買ってしまったり、使い切れないほどのヘアケア製品が並んでいたり……もしも、あなたの家の洗面所がそのような状態になっていたら、それは自信のなさの現れです。鏡と洗面台を磨くと、自分の自信が取り戻せるため、余計な物を買わなくなります。節約にもなりますね。また、お子さんが自信を持って学校に行けるようになります。

【洗面所の「そうじ力」のスリーステップ】

ステップ❶「捨て力」

1ヶ月以上使っていないヘアケア製品はありませんか？　試供品でもらった基礎化粧品などをため込んでいませんか？　いつか使うかもと思わずに処分していきましょう。

ステップ❷「磨き力」

磨いてピカピカになるものはピカピカにしておくことが鉄則です。鏡もしっかりと拭き上げていきます。シンクに水垢がついていたら、これもキレイに取り除きましょう。

ステップ❸「整え力」

歯ブラシを置く位置はそれぞれ決まっていますか？　バスタオルやハンドタオルが散乱していませんか？　それぞれ置き場所を決めて片づけてください。

洗面所が整うと身支度も早くなります。自信のある姿は信頼感に繋がり、学校生活や仕事を好転させてくれることでしょう。

家族への愛を育む「キッチン」

人間が健康に暮らして行くためには衣食住が大切です。健康な体をつくる源は、なんといっても食事です。そして、この大事な食事をつくる場所がキッチンです。

舛田メソッド「そうじ力」では、キッチンは家族への愛情が宿る場所だと教えています。料理をするのは、家族の健康を守るため、家族と美味しいご飯が食べたいからです。つまり、家族のことを思いながら料理をつくるのがキッチンなのです。誰かのためになにかをするのは、愛に他なりません。

おそうじチェック　キッチンの点検

- □ 食べたあとの食器がそのまま置かれていませんか？
- □ シンクや蛇口は輝いていますか？
- □ レンジフードや五徳は汚れていませんか？

□ 調味料のボトルの表面はベタついていませんか？
□ 冷蔵庫の表面は汚れていませんか？
□ 換気扇はギトギトになっていませんか？

胃袋が満たされると幸せな気分になります。「家のご飯が1番だ！」と、お子さんが言ってくれたらこれほど嬉しいことはありません。そんなキッチンが汚れていたら、どうでしょうか。

口に入れる物を扱う場所ですから、衛生面でもよろしくありません。

それに、整ったキッチンならば、料理のアイデアも次々と浮かびそうです。

【キッチンの「そうじ力」のスリーステップ】

ステップ❶「捨て力」

使いかけの同じ種類の調味料のボトルはないですか？　砂糖や塩も同じです。使う物は1つにまとめて、いらない物は捨てましょう。

ステップ❷ 「磨き力」

シンクに水垢やカビが生えていませんか？　排水溝は磨いていますか？　五徳の油汚れもきちんと拭き取りましょう。

ステップ❸ 「整え力」

調理器具は種類ごとに分けて収納されていますか？　使いたい物を取り出すたびに雪崩が起きることになっていませんか？　シンクの下に乱雑に置かれていたら要注意です。

汚れは日々蓄積されるため、知らず知らずに〝汚キッチン〟になることも。最近、食事をつくる気力が湧かないというときは、キッチンをそうじしてみてください。

次の日のエネルギーを生み出す「寝室」

日本人は睡眠時間が短いことで有名です。これは自慢できることではありませんが、寝不足だと疲れが取れないので、当然、免疫力も低下します。脳も疲れが取れないため、やる気もなかなか起こりません。

睡眠負債という言葉を耳にしますが、日本人は他の先進国の人と比べて睡眠時間が短いという調査結果もあります。先進国が加盟するＯＥＣＤ（経済協力開発機構）の調査によると、日本人の睡眠時間の平均は加盟国38カ国の中でも最低レベルです。これは大人だけでなく、子どもの調査でも同じ結果が出ています。

睡眠不足は集中力ややる気の低下に繋がると、国も警笛を鳴らしています。子どもと大人の適切な睡眠時間について、厚生労働省がガイドラインを設けているほどです。寝不足になる理由はいろいろとあるようですが、なかには「布団には入るのに熟睡できない」という人もいるようです。

質の高い睡眠を確保するためには、寝室環境も大切です。快適な環境は快眠をもたらしてくれるからです。

眠る前と目覚めの瞬間は潜在意識に最も暗示がかかりやすいです。

快適な寝室になるように、寝室のチェックを始めていきましょう。

おそうじチェック　寝室の点検

- □ 毎日換気をしていますか？
- □ 布団は万年床になっていませんか？
- □ 寝具は洗っていますか？
- □ カーテンを半年に1度は洗っていますか？
- □ タンスやベッドボードなどにホコリはたまっていませんか？

寝室にはなるべく物を置かないようにします。そして、必ず毎日換気をしてください。

睡眠の推奨事項一覧

全体の方向性

個人差等を踏まえつつ、日常的に質・量ともに
十分な睡眠を確保し、心身の健康を保持する

高齢者	● 長い床上時間が健康リスクとなるため、床上時間が8時間以上にならないことを目安に、必要な睡眠時間を確保する。 ● 食生活や運動等の生活習慣や寝室の睡眠環境等を見直して、睡眠休養感を高める。 ● 長い昼寝は夜間の良眠を妨げるため、日中は長時間の昼寝は避け、活動的に過ごす。
成人	● 適正な睡眠時間には個人差があるが、6時間以上を目安として必要な睡眠時間を確保する。 ● 食生活や運動等の生活習慣、寝室の睡眠環境等を見直して、睡眠休養感を高める。 ● 睡眠の不調・睡眠休養感の低下がある場合は、生活習慣等の改善を図ることが重要であるが、病気が潜んでいる可能性にも留意する。
子ども	● 小学生は9~12時間、中学・高校生は8~10時間を参考に睡眠時間を確保する。 ● 朝は太陽の光を浴びて、朝食をしっかり摂り、日中は運動をして、夜ふかしの習慣化を避ける。

（出所）健康づくりのための睡眠ガイド2023より

換気するのは空気中に漂っているマイナスのエネルギーを外へと追い出すためです。「玄関」のところでもお伝えした通り、疲れた体でマイナスエネルギーを浴びるとさらに疲れが増すだけです。磁場をプラスに傾けるために、換気をしっかりしてください。

床や畳、ベッドの下もしっかりと水拭きまでして整えます。寝具は肌触りのいいものを使い、こまめに洗濯してください。

【寝室の「そうじ力」のスリーステップ】

ステップ❶ 「捨て力」

タンスの上に使わない物が山積みになっていませんか？　寝室全体を見渡して、いらない物は捨てましょう。

ステップ❷ 「磨き力」

ベッドボードやタンスの上、カーテンレールの上などにホコリがたまっていませんか？　寝室は意外とホコリがたまりやすい所です。他の部屋と同じように、上から順番に拭きそうじをしてください。

ステップ③「整え力」

枕元に読みかけの本を置き去りにしていたり、スマホなどのコード類が散乱していませんか？　枕元はなるべくスッキリさせたいので、スマホの充電は別の場所に移してください。

質の良い睡眠は、子どもの体の成長にも欠かせません。寝室のそうじを通して、ぜひ健康に良い睡眠の取り方についても親子で話してみてください。

意外と大事な家の「照明」

ざっとここまで、各部屋の「そうじ力」のやり方を説明してきましたが、家を心地良くするための大事なポイントをもう1つお伝えします。それは、照明です。

照明は部屋の役割に合ったものを選ぶことが大切です。寝室の場合、蛍光灯は寝る前に見る光としては刺激が強いので避けたほうがいいです。昼間のような明るさの光を寝る前に浴びると、寝つきが悪くなります。特にお子さんが寝る部屋は気をつけてあげてください。リビングや寝室など、リラックスするための空間には優しい色の電球を選んでください。

また、玄関の照明は80ワットくらいの明るめのものを選びましょう。**疲れて帰ってきたときに、玄関は明るいほうが気持ちもパッと明るくなります。**

各部屋にある照明機具も「三日坊主プログラム」のときにぜひ手をつけて欲しい所です。

照明器具の汚れというのは主にホコリです。キッチン近くの照明の場合はキッチンの油汚れとホコリが混ざり、さらに取れにくい状態になります。こうなったときは外側のカバーを外して浴室に持ち込みます。

さて、ここからは少しおさらいですが、油汚れは何で落とすとよく落ちたでしょうか？頑固でない汚れなら中性洗剤でＯＫです。

浴室ならば、中性洗剤を使って丸洗いすることができます。洗い終わったらシャワーで流し、水分を拭き取って終了です。

こうして「三日坊主プログラム」でキレイにした照明器具は、ハンディモップなどでこまめにホコリを取りはらうことでキレイな状態を長く保つことができます。

最後に、それでも、どうしても家族みんなでそうじするのが難しいというときは、プロの皆さんを頼ってください。家事代行サービスにお願いしても構いません。とにかく、**1度家全体をリフレッシュすることで、その後のそうじは楽になります**。

宮本さおり"主婦として"の視点

できると嬉しい毎朝5分のそうじタイム

本書に出てくる多くのダメ部屋のモデルはまさに私の家の状態でした。専業主婦時代には毎日各部屋のそうじをしていた私ですが、子どもが少し大きくなり、仕事が増えるとなかなか手が回らなくなりました。

机の上には資料が山積み
レシートの山がなぜかキッチンカウンターの上に重ねて置いてある（しかも1カ月分くらい！）
砂糖が終わると思って買ってきたら、使いかけの砂糖が流しの下に置いてある

などなど、上げだしたらきりがないほどです。今でも気を抜くとあっという間に家が汚れてしまいます。ですから、舛田さんと出会った当初、「そうじ力」の本を読ませていただいても、忙しい私にできるだろうかと、半信半疑でいたのです。

完ぺきにやらなくてもいい

救われたのは舛田さんのこんな言葉です。

「全部完璧にやらなくてもいいんですよ。できた所が1つあればいいんです」

それから、少しずつですが、できることから取り入れてみました。

「捨て力」「磨き力」「整え力」は全てのそうじに応用が利くため、この基本が知れただけで、かなりそうじが捗《はかど》るようになりました。

時間が取れるときにとことん集中してそうじをすると、確かにそのあとが楽でした。少しの時間でもいいからできる所をやっておく、その精神を大事にしようと、毎日の中で雑巾がけタイムをつくることにしてみました。

タイマーが鳴るまでの5分

やり方は簡単です。キッチンタイマーを5分にセット、スタートボタンを押したら拭きそうじを始めます。タイマーが鳴ったらそこで終了。

「雑巾がけをしなくちゃ！」

と頭で考えていた頃は、とっても時間がかかる気がして、

「時間がないわ」

と思っていました。ところが、いざタイマーで5分を計って拭きそうじをしてみると、

「あれ、5分でリビング全部拭けたな」

となったのです。5分も取れないというときは、3分という日もありますが、とにかくこうして私の中で拭きそうじは習慣化されたのです。

どうですか。無理なくできる時間で始めて見ると、三日坊主の私も続けられたので、皆さんもぜひ、お試しを。

おわりに

本書は、教育ジャーナリストである宮本さおりさんとの共著です。同じ編集者に自著を担当してもらった仲間として意気投合し、見事1冊の本を出版することができました。千代田区にある、文豪たちが愛した「山の上ホテル」のバーで、川端康成や三島由紀夫などに思いを馳せながら、宮本さんと本書の企画を何時間も語り合ったことは、良い思い出です。そのホテルも老朽化のため、休館してしまいました。

宮本さんも私も、子育てでたくさん試行錯誤してきました。

この本の随所に、働きながら一生懸命子育てをしている親御さんへの私たちの愛情がちりばめられていることを感じていただければ本当に嬉しいです。

この国の未来は、子どもたちにかかっています。頭の良い子ではなく、賢い子が多く誕生することによって、この国が世界のリーダーとなっていくことを願っています。

本書、『賢い子の「そうじ力」』が、皆様のお役に立つことができましたら、本当に嬉しく思います。お読みいただき、ありがとうございました。

舛田光洋（ますだ　みつひろ）

そうじ力研究家。1969年北海道生まれ。2005年「心と掃除」の研究により自ら開発した実践型思想「そうじ力」で社会啓蒙活動を開始する。『夢をかなえる「そうじ力」』（総合法令出版）を出版。国内外52冊におよぶ「そうじ力シリーズ」は累計380万部を超える。近著に『一生、運がよくなり続ける！「そうじ力」ですべてうまくいく』（三笠書房）がある。現在は、子どもの学習意欲、成績向上のための「そうじ力」や、企業などに対しての環境整備にも力を注いでいる。

https://lit.link/masudary

宮本さおり（みやもと　さおり）

ジャーナリスト。同志社女子大学卒業後、地方新聞社に記者として就職。夫の米国留学に帯同するため新聞記者から専業主婦に転身、アメリカにて5年間子育てに専念。帰国後、フリーランスの記者として執筆活動を再開。記者の鋭い嗅覚と母親としての経験を活かし、子育て、教育分野をフィールドに取材を続ける。東洋経済オンラインアワード2020「ソーシャルインパクト賞」受賞。著書に『データサイエンスが求める「新しい数学力」』（日本実業出版社）、『知っておきたい超スマート社会を生き抜くための教育トレンド』（編・著、笠間書院）がある。

賢《かしこ》い子《こ》の「そうじ力《りょく》」

そうじで身《み》につく集中力《しゅうちゅうりょく》、思考力《しこうりょく》、判断力《はんだんりょく》

2024年 6月 1日　初版発行

著　者　舛田光洋 ©M.Masuda 2024
　　　　宮本さおり ©S.Miyamoto 2024

発行者　杉本淳一

発行所　株式会社日本実業出版社　東京都新宿区市谷本村町3-29 〒162-0845

編集部　☎03-3268-5651
営業部　☎03-3268-5161　振　替　00170-1-25349
https://www.njg.co.jp/

印刷・製本／リーブルテック

ISBN 978-4-534-06107-2　Printed in JAPAN

日本実業出版社の本

下記の価格は消費税（10％）を含む金額です。

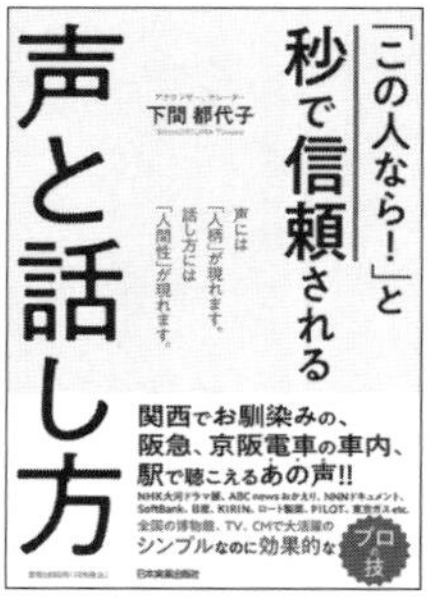

「この人なら！」と秒で信頼される声と話し方

下間都代子　著
定価 1650 円（税込）

TV、CM、阪急や京阪の電車・駅のあの声の著者が教える、「信頼」され相手が「本音」をもらす技。ギャップ探し、相槌、腹式発声、抑揚、緩急 etc. 全て簡単で効果的！

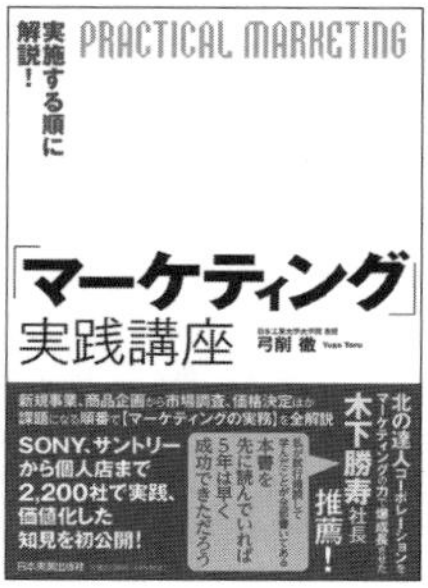

実施する順に解説！「マーケティング」実践講座

弓削　徹　著
定価 2200 円（税込）

現場で起きる課題の順番に何をすればいいかを具体的に解説。マーケティングを実施する順に市場調査、ネーミング、価格決定、流通チャネルなどまでを網羅、徹底解説！

「他人に振り回される私」が一瞬で変わる本

相手のタイプを知って“伝え方”を変えるコミュニケーション心理学

山本千儀　著
定価 1540 円（税込）

生まれ持つ気質を中心にイラストで【他人に振り回されない】方法を解説。人間関係（パートナー、コミュニティ、上司部下、親子など）が気になるあなたへ。

定価変更の場合はご了承ください。